シリーズ陽明学・7

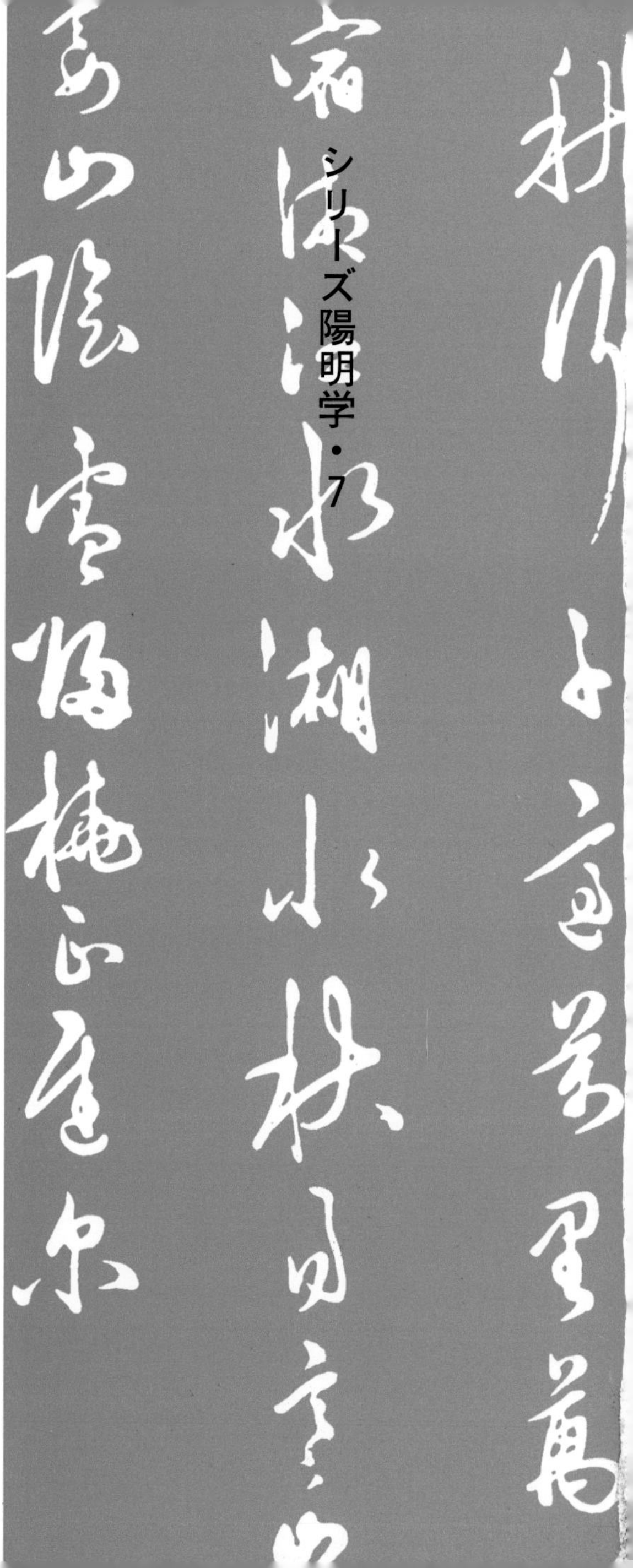

聶双江

伊香賀隆

明徳出版社

まえがき

聶双江《じょうそうこう》（一四八七〜一五六三）は、名は豹《ひょう》、字は文蔚《ぶんい》、号は双江《そうこう》、江西省吉安府《こうせいしょうきちあんふ》（現在の江西省吉安市）永豊県《えいほうけん》の人で、江右王門《こうゆうおうもん》の重要人物の一人である。王陽明《おうようめい》（一四七二〜一五二八）の門人は、近年ではその思想傾向によって現成《げんせい》派（左派）・修証《しゅうしょう》派（中道派）・帰《き》寂《じゃく》派（右派）の三派に分けて論じられることが多いが、双江はその中の帰寂派を代表する人物であり、その帰寂思想を提唱した人物であった。ただ、王陽明の門人として名を連《つら》ねてはいるものの、実際に入門したのは陽明の没後であり、主張した帰寂思想も、陽明に大いに触発されたものではあったが、陽明が唱えた良知《りょうち》説とは本質的に異なる独自の路線を展開したことで、王龍渓《おうりゅうけい》・欧陽南野《おうようなんや》・鄒東廓《すうとうかく》・陳明水《ちんめいすい》といった陽明門下の高弟たちから、激しい攻撃を受けることとなった。聶双江の思想は、一般的に、陽明学から離れて朱子学に接近したとも言われ、古来、その評価は分かれている。明末《みんまつ》や幕末《ばくまつ》の日本では一部の人たちから支持されたが、近年の日本の学界では、陽明学《ようめいがく》を「後退」させた思想家としてその評価はおおむね低いものがある。

とはいえ双江は決して無能な儒学者・政治家ではなかった。その思想は机上の空論では決してなく、また他人の説をそのまま鵜呑《うの》みにして主張するものでもなく、常に自らの心に問い続け、そして厳しい社会の現場と家居生活の中で思索しつづけたことで確立されたものであった。それはまさに「自得《じとく》の学」（自身の力で会得した学問）というべきものである。その生涯に目を転ずれば、正徳《せいとく》十二年に進士《しんし》となったのを皮切りに、華亭《かてい》知県《ちけん》・蘇州《そしゅう》知府《ちふ》・平陽《へいよう》知府《ちふ》・兵部《へいぶ》侍郎《じろう》・兵部《へいぶ》尚書《しょうしょ》などを歴任し、厳しい軍事・政治の現場で生きた人であった。腐敗した官僚社会の中にあって清廉潔白を貫いて善政を施し、また、北虜南倭《ほくりょなんわ》という厳しい対外状況の中で、その侵略を防いで民衆の生活を守る等、数多くの功績を挙げたこともまた事実である。最後は兵部尚書（軍部の長官）となり、さらに太子《たいし》大保《たいほ》を授けられて従一品の位にまで昇りつめた。ただ、当時の政界は讒言《ざんげん》や賄賂が公然とはびこり、行政機能はほとんど麻痺状態に陥っていた。さらに、北虜南倭という中国史上未曽有の対外状況の中にあって、政界を牛耳っていた厳嵩《げんすう》の一派と対立し、ついに失職に追い込まれることになったが、その生涯を通してみても、その政治的手腕には優れたものがあったといえる。

その生涯を俯瞰《ふかん》して感じるのは、他人の主張や意見にやみくもに従うのではなく、常に自らの心に向き合い、自問自答をくりかえし、その思いに正直に生きた人生であったということである。古《いにしえ》の聖人の道をとことん追求し、官職につけば天下国家のために身を粉にしてはたらき、見事に生き切った人生、燃焼しつくした人生であったともいえる。

このような聶双江とは、いかなる人物であったのか。帰寂思想とはいかなるものであったのか。本書では、はじめに聶双江の思想と生涯を確認し、その後、双江の代表的著作『困弁録』や、陽明門下の高弟たちへ宛てた書簡等を通して、その思想の意味するところを探っていきたい。

凡例

一、呉可爲編校整理『聶豹集』（陽明後学文献叢書、鳳凰出版社、二〇〇七年、底本は存目叢書本）を底本としたが、存目業書本・内閣文庫本等の諸本も随時参照した。『聶豹集』からの引用については、書名を省略し、巻数と資料名のみを記した。

一、本文は、現代語訳・余説・書き下し文・語釈の順で掲載し、原文（漢文）は巻末に一括して掲載した。

一、字体は、現代語訳・余説・書き下し文・語釈は新字体を用い、原文（漢文）は底本に準拠し、主として旧字体を用いた。

一、書き下し文と語釈の作成にあたっては、佐藤仁先生作成の訳注（『陽明門下（上）』所収、陽明学大系第五巻、明徳出版社、一九七三年）を参照した。

一、『大学』『中庸』からの出典の表記は、朱子の『大学章句』『中庸章句』の章立てに従った。

一、本文に収録した資料の出典（『聶豹集』）は以下の通りである。

『困弁録』自序…巻三「困弁録自序」（全文）

『困弁録』弁中…巻十四「困弁録」弁中（抜粋）

王龍渓への書簡…巻八「寄王龍渓」第二書（抜粋）

『致知議略』…巻十一「答王龍渓」第一書（抜粋）
欧陽南野への書簡…巻八「答欧陽南野太史」第二書（全文）・第三書（抜粋）
鄒東廓への書簡…巻八「答東廓鄒司成」第一書（全文）・第三書（全文）
陳明水への書簡…巻十一「答陳明水」（全文）
『白沙先生緒言』序…巻三「白沙先生緒言序」（全文）
『大学古本臆説』序…巻三「大学古本臆説序」（抜粋）
王陽明への書簡…巻八「啓陽明先生」（抜粋）

〔付記〕本書の本来の執筆担当は牛尾弘孝先生（大分大学名誉教授）であったが、平成二十五年に大分大学を退職され、その後の人生は『程氏遺書』（北宋の二程子の語録）の訳注作成に精力を注ぎたいとの意向もあって、筆者が代わって本書を担当することとなった。その際、それまで先生が収集されていた刊本類のコピーや関係資料、そして執筆を進められていた『困弁録』の原稿を譲り受けた。本書を執筆する上で、これらの資料を大いに参考にさせて頂いた。また校正の段階においては、筆者の大学院時代の同学でもある播本崇史氏（島根県立大学准教授）から、貴重な御意見を賜った。併せて感謝申し上げます。

目次

本　文

解　説

一　聶双江の思想

一・一　帰寂思想とは

「帰寂《きじゃく》」とは、心本来の静寂（虚寂）な状態に立ち帰るという意味である。そしてそのために具体的に行う工夫《くふう》（修養・修行）が静坐《せいざ》であった。静坐とは文字通り安静にして坐ることであるが、身体のみならず、心を安静にすることを目的とする。人の心は、日々の目まぐるしく変化する生活の中で、乱れ、ざわつき、そして汚染されていく。そのような心の状態のままでは的確な判断を下すことはできないし、状況に応じて適切な行動をとることは難しい。そこで、常日頃から一人になる時間を確保して静坐をし、心を徹底して静め、身体の気を養っておく必要がある（静の時間）。このような実践を積み重ねていくことで、『易経《えききょう》』にいう「寂然不動《せきぜんふどう》（ひっそりと静まりかえって微動だにしない）」（繫辞上伝）という心の境地に達する。こうして得られた至静至寂《しせいしじゃく》の心をそのまま社会生活の中（動の時間）で保持していくことで、物事の道理を見通すことができ、節度から外れることなく、いかなる状況にも臨機応変に対応することが可能となる、というのが双江の帰寂思想である。われわれの心には無限の可能性があり、無尽蔵の叡智が備わっているが、ほとんどの人はそれを活用する術を知らないし、その存在にすら気づいていない。しかし、静坐を粘り強く、長きにわたって続けていくことで、その叡智が解き放たれる時がおとずれるという。この心の秘蔵の扉を開くための唯一の方法が「静坐」であり、それ以外の方法はあり得ないというのが双江の主張であった。

一・二　陽明門下の聶双江批判

しかしこうした聶双江の帰寂思想は、王陽明の高弟たちから、陽明学の真髄をまったく理解していないものとして総攻撃を受けることになる。双江の主張は、先と後、動と静、寂と感とに二分しているというのである。つまり、先ず心を静め（先・静・寂）、その後、物事に応対する（後・動・感）という二段構えでは、先後一体・動静一体・寂感一体を旨とする陽明学の本質とは異なることになる。

ここで陽明学について少し確認しておこう。王陽明《おうようめい》の思想は、一言でいえば、「良知《りょうち》を致《いた》す（良知を発揮する）」に集約される。この語は、『大学』八条目の「致知」の「知」を「良知」と解したものである。陽明は、万人には等しく「良知」が備わっているという。良知とは「良心」といってもよいが、それは良知の一面を表したものにすぎず、実際にはもっと深く広い意味がある。つまり、良知とは、天に由来する人の本性《ほんせい》（本来の性質）であり、『孟子《もうし》』にいう「人の学ばずして能くする所の者、其れ良能なり。慮《おもんぱか》らずして知る所の者、其れ良知なり。（人には特に学ばなくても自然によくできるという能力が備わっており、これを良能という。また、あれこれ考えなくても自然に知ることができる知恵が備わっており、これを良知という）」（尽心上篇）の良能・良知を一語に集約したものである。陽明はこの良知について、人生の荒波を航海するための「船の舵《かじ》」、金の真偽を判定する「試金石」、常に南を指し示す「指南針」のようなものだと述べている。つまり、全ての人には、潜在的に、全知の神のごとき叡智が備わっており、事物の道理を見抜いて的確な判断を下し、適切に対処できる能力が備わっているというわけである。そしてその良知の性質は、「誠なる愛情（真誠惻怛《しんせいそくだつ》）」そのものであり、この他者に対する溢《あふ》れんばかりの愛情にもとづいて物事に対処することで、自己に備わる天理（天の理法）が、状況に応じてとどこおりなく発揮されるという。さらには、良知は「造化《ぞうか》の精霊」（『伝習録』下巻）ともいわれ、究極的には、天地万物を進化させ、正しいあり方へと導いていくような潜在力を有するものでもあった。人間は実はこれほどまでに偉大な存在ではあるが、実際に人がなすべきことはといえば、日々の生活の中で着実にその良知を致す、つまり自らの内に備わる良知を発揮していくだけであった。そして、その良知を致すのは、過去でも未来でもない現在（今この瞬間、今この場所）でなければならない。今自分がどのような環境に身を置いていようが、それが静処であろうと動処であろうと、現在、今この瞬間、今この場所において良知をただただ発揮していくだけである。そしてその工夫は、心が少しでも動いたならば直ちに行うものでなければならない。陽明はいう。物事に触れて心が動いたらすぐさま、「善を為し悪を去る」、つまり、それが善念であれば保持して拡充し、それが悪念であればただちに除去しなければならない。人には、心に生じる様々な思いが善なるものか悪なるものか、正しいものか間違ったものかを判断する能力が備わっている。人は心中で常に発せられているこの良知のかすかな声にしっかりと耳を傾け、その内なる声にしたがって心を正していかなくてはならない。そしてこうすることで事物の道理を見抜いて的確な判断を下し、万事に適切に対応していけるようになり、さらには、人としての真の満足が得られるという。人は自らの良知（良心）にしたがって生きることでしか、真の幸せは得られないのである。初学者は心中において「善を為し悪を去る」工夫を意識して行う必要があるが、熟練すると特に意識しなくても自然に行うことができるようになる。このような工夫を社会生活の中で実践して人格を陶冶《とうや》していく。人は厳しい状況に追い込まれるほど、普段は心の奥深くに潜蔵《せんぞう》する諸々の邪念・悪癖が現れてくるものである。思いもしなかった一面や、人としての性《さが》が突如現れてくるのである。これら一つ一つを見過ごすことなくしっかりと認識し、根こそぎにし、洗い流し、心を浄化していく。そして自らの内なる声に耳を傾け、その声に対して正直に生きていく。自分自身を真に成長させようと思うなら、社会の厳しい現場に身を置き、その中で自らの心の膿を徹底して出し尽くし、それらに真正面から向き合い、格闘する必要がある。そこから逃れて静境《せいきょう》でひとり過ごし、心を静められたとしても、それはかりそめの静けさにすぎず、自らの人格を真に練り上げたことにはならない。これが王陽明の「事上磨練《じじょうまれん》」である。双江は、静座によって得られた静寂な心を、動の現場ではただ保持するだけでよく、一切の工夫は必要ない（「格物に工夫なし」「動処に工夫なし」）と主張したので大きな反発を招いたのである。こうした思想は、陽明学の動的な事上磨練の思想を真っ向から否定するものでもあり、静に大きく傾くものであった。

さらに専門的な話をすれば、陽明学では、心の「真の静寂（＝未発の中）」とは、心が動いた処（已発）にしか存在しないと説く。つまり、『中庸』にいう「未発《みはつ》の中《ちゅう》（喜怒哀楽が発する前の中正な心の状態）」とは実は「已発《いはつ》」の中にあるのであって、両者を分けて考えることなどできない（「未発の中」についての議論は本文の『困弁録』弁中（2）を参照）。例えば、陽明の高弟の一人、欧陽南野《おうようなんや》はいう。心が動いても、その心が欲望に動かされず、私意に妨げられなければ、これこそが良知の現出なのであって、『易経』繋辞上伝にいう「寂然不動、感じて遂に天下の故に通ず（ひっそりと静まりかえって微動だにしないが、いったん外物に感応すると天下のあらゆることに通じる）」の「寂然《せきぜん》」であり「感通《かんつう》」であると（『南野集』巻五「答聶双江」第一書）。また同じく高弟の王龍渓もいう。「動いていまだ形《あら》われず」、心が動き出したものの、まだはっきりとした動きとして現れてきていないところ、有るともいえず無いともいえない微妙なところ、これを「幾（きざし）」というが、この「幾」の上にしか真の静寂はない。静坐によって得られたと思っている心の静寂は、実は真の静寂ではないと主張した（『龍渓会語』巻二「三山麗澤録」）。

陽明学では、動中で得られる心の静寂こそ真の静寂であり、真の実在であった。そしてそうした心を、王陽明は、「前後もなく内外もない渾然一体《こんぜんいったい》なる者」（『伝習録』中巻「答陸原静書」）と表現した。今現在の静寂な心に、過去も未来も内も外も全てが渾然一体として内在

明徳出版社『論語』関係書の御案内

表示価格は税込（本体価格＋税10％）です。

論語講義

渋沢　栄一

一三二〇〇円

渋沢栄一は、近代日本の発展に尽くした巨人である。彼は「論語」に基づき、西郷・大久保等、維新の英傑や、歴史上の人物を活写し、時代の諸相を論断している。百年後でも傾聴に値する渋沢論語の決定版。巻末に孔子年譜、人名索引を付す。

ISBN978-4-89619-324-4　A五判並製函入六六五頁

論語 二十四講

土田健次郎

一七六〇円

日本人にとっての永遠の古典『論語』。その中核をなす主要なテーマをとりあげ、項目ごとに丁寧に解説。論語にはじめて触れる読者にもわかりやすく、親しんでいる者にも新たな理解と感銘を与える書。

ISBN978-4-89619-307-7　A五判並製一六八頁

江戸期『論語』訓蒙書の基礎的研究

青木　洋司
西岡　和彦
石本　道明

一一〇〇〇円

科挙の制度がないわが国では、知識人以外に一般読者層向けの『論語』注釈書が数多く出版された。（中略）そうした書を本書では訓蒙書として扱った。

（本書「はじめに」より）

ISBN978-4-89619-308-4　B五判上製四二〇頁

論語注疏訓読

野間　文史

一一〇〇〇円

「論語」は宋代に経書となり、「十三経注疏」中の「論語正義」には諸家の注を集めた何晏の集解（古注）と邢昺の注（疏）が採用された。本書は古注の理解に必読の「論語正義」をはじめて全訓読訳した画期的書。

ISBN978-4-89619-312-1　B五判上製五六二頁

論語　上・下　中国古典新書

宇野　哲人

各二七五〇円

論語は孔子と弟子たちの言行録で、世界不滅の古典である。本書は、今は亡き漢文学界の第一人者による晩年の全講義録で、平易卓抜な講義は、読者を魅了して止まない。

B六判並製二九八頁／B六判並製二八八頁

ISBN978-4-89619-201-8／ISBN978-4-89619-202-5

朝の論語

安岡　正篤

二四二〇円

著者が往年、ニッポン放送の朝の番組で連続講話した論語十九講。著者の得意な東西の思想哲学を引用しながら、現代生活に生きる孔子の道を描いて、聴衆を魅了した名講話。

ISBN978-4-89619-043-4　B六判上製二三六頁

孔子全書　一～十巻

吹野　安
石本　道明

各二七五〇円～三〇八〇円

論語集注を底本としてこれを全訳注し、注欄には、何晏の集解、皇侃の義疏、邢昺の注疏の古注の他、朱子語類からの関係文も豊富に採録し、論語の深い理解に資す。

各B五判並製

論語・朱熹の本文訳と別解

石本道明　青木洋司

二〇九〇円

論語の注釈書として最も読まれたのは朱熹の『論語集注』である。本書は論語全文につき、この書に基づいて書き下し文、現代訳を施し、他の儒者の解釈は別解とし、論語解釈の多様性を明示した。

ISBN978-4-89619-941-3　A五判並製四三二頁

素読論語

深澤賢治

一三二〇円

論語の素読の会を主催する編者が、「斯文会訓点論語」に従い、その全章を書き下し、総ふりがなを付した訓読文による論語テキストの決定版。子供からおとなまで使い易く、読み易い素読用教材。

ISBN978-4-89619-189-9　A五判ビニール装一八〇頁

セカンドライフの『論語』講座12講

近藤正則

二五三〇円

著者の七年間に及ぶ教養講座「『論語』に学ぶ」での講演をまとめた十二講。仁・義から食に至る様々なテーマで、論語の世界を日常に活かせるよう楽しく解説。新たな人生を発見するための書。

ISBN978-4-89619-783-9　四六判並製二七八頁

論語のことば

村山吉廣

一四三〇円

長い年月、人々に読みつがれた世界の古典「論語」。汲めども尽きぬその魅力と偉大な思想の本質を、日常の話題もとり入れながら紹介する四十話。論語の世界に旅する人々に絶好のガイドブック。

ISBN978-4-89619-753-2　B六判並製一七三頁

論語の教科書

須藤明実

八八〇円

『論語』には、人が生きていく為の大切な言葉が、大きな愛に包まれ、輝いている。その三十一章を子供から大人まで誰にも親しめるよう解説した素読用テキスト。附録に七十章を精選して収録。

ISBN978-4-89619-720-4　B五判並製八二頁

陽明学のすすめⅤ　人間学講話　渋澤栄一

深澤賢治

二〇九〇円

ヨーロッパの資本主義をいち早く学びこれを導入した、近代資本主義の父渋澤栄一。その主著『論語講義』からの引用文を解説しながら、彼の人物を概観し、ものの見方、人物評論、実業の実態を描く。

ISBN978-4-89619-753-2　四六判上製二二六頁

中国の哲学

阿部吉雄

一六五〇円

古代人の宗教倫理観に始まり、儒家・諸子百家・漢唐・宋明・清、更に新しくは近代中国に至る中国思想の流れを概説した好評の一般教養書。また大学・高専の教材としても広く採用されている。

ISBN978-4-89619-310-7　A五判並製一九六頁

論語五十選

土田健次郎

六八二円

『論語』の中から重要で分かり易い言葉を厳選して収録し、素読用のテキストにしました。素読とは、古典を繰り返し音読して憶えさせ、人生の中で折に触れて思い出させることにより、言葉の意味を体得させ、人生の指針とする方法です。

ISBN978-4-89619-971-0　B五判並製六三頁

㈱明徳出版社の電話番号は03（3333）6247です。

している。言いかえれば、実のところ過去も未来もなく（時間）、内も外もなく（空間）、この世に真に実在するのは今現在の心だけであり、これこそが「良知」にほかならなかった。そしてこうした高度な認識は、静かな環境でひとり座っているだけでは決して得られないものであった。静かな環境で得られたと思っている心の静寂は、実はかりそめのものにすぎず、真の静寂ではないというのが、陽明の高弟たちの共通理解であったのである。王龍渓は「千古の聖賢は、ただ幾（きざし）の上においてのみ工夫を行う」というが、この真の実在である現在の心（＝幾）をさしおいて、その前に静坐によって心の静寂を得ようとすることは、陽明学では到底認めることの出来ない大問題であったのである。これは陽明学の真髄であり奥義ともいえるところであるから、ここを大きく見誤っている双江の帰寂思想は、陽明門下として到底受け入れられないものであった。

一・三　聶双江の反論

とはいえ、良知は「前後もなく内外もない渾然一体なる者」であるとか、「未発《みはつ》は已発《いはつ》にある」等と声高に主張しても、それを本当の意味で理解していた者が一体どれほどいただろうか。大多数の者は、言葉の上だけでそれを理解していたにすぎなかったのではないか。自らの実体験を通して真に理解していた者がどれほどいただろうか。頭だけの理解で自分は良知説を悟ったと本気で思い込んでいる者たちがほとんどだったのではないか。双江はこうした状況を目の当たりにし、大いなる危機感を抱いたのである。双江は当時の状況について、「近ごろは講学と称し、常軌を逸してやりたい放題の輩がいる。彼らは往々にして主静《しゅせい》（静坐ばかりに熱心なこと）を禅学とみなし、主敬《しゅけい》（程朱学における敬の工夫）を世事に疎い学とみなし、あちこち動き回ってはわめき叫び、座っている時も立っている時も、話をしている時も黙っている時も、ひたすら心の赴くままに行動して忌み憚《はばか》ることがない。そして自ら会《え》得《とく》したなどと称している。実にあわれである」（『困弁録』弁中）と述べている。これは当時一世を風靡していた王龍渓らの講学活動を強く意識しての発言であった。同じ帰寂派の羅《ら》念庵《ねんあん》も当時の状況について、「専ら良知を口にするばかりで実際に学問に取り組もうとしない（実際に自らの心と向き合おうとしない）」（『羅洪先集』巻十六「松原志晤」）者たちが多数いることを問題視しており、さらには、そうした状況を作り出した張本人と目されていた王龍渓でさえ、「今の世において良知の説を耳にしたことのない者などいない。しかし実際にその良知を致すことに努めている者がいったいどれほどいるだろうか」（『王畿集』巻二「水西會約題詞」）ともらすほどであった。

こうした世の風潮を変えるには、着実な工夫に立ち帰る必要がある。それが聶双江にとっては静坐であった。陽明門下の高弟たちは口を揃えて、今現在の心の上で、心が動いた処(=已発)でしか工夫は施せないというが、これは実際にやってみるとなかなか難しいものがある。人の心は日々の生活の中にあって常に動きまわり、少しも落ち着く時はない。我々の普段の心は、「習気に拘束され物欲に蔽《おお》われ」、本来の明澄《めいちょう》な心は奥深くに隠れてしまっている。このような状態で、自らの心を正そうとしても、正しい判断を下そうとしても、初学者にはとうてい無理な話である。また王陽明は、「山中の賊を破るは易《やす》く心中の賊を破るは難《かた》し」(『王文成公全書』巻四「与楊士徳薛尚謙(丁丑)」)と言ったが、自らの心に打ち克つことほど難しいことはない。鏡は本来虚明《きょめい》であるが、常に磨くという工夫を施してこそ、正しく物事を映し出すことができる。これと同様、自らの心も常に静坐によって明澄な状態を取りもどすことで、その無限の可能性を十全に発揮することが出来るのである。ただ、こうした双江の考え方は、現在の心は不完全であると認め、工夫(修養努力)によってその完全性をとり戻そうとするものである。それは現在の心の完全性を信じ切ることを大前提とする陽明学ではなく、朱子学《しゅしがく》に大きく接近するものであった(本解説の「一・六 聶双江と朱子学」を参照)。

双江は、欧陽南野・鄒東廓・陳明水といった陽明門下の高弟たちと激論をかわしたが、中でも、良知現成論《りょうちげんせいろん》を主張する王龍渓とは激しくやり合った。良知現成論とは、現在の心はそのままで完全であって、それを真に信じ切ることができれば、なんらそこに工夫を加えなくても、その完全性を自在に発揮できるというものであった。双江と王龍渓の論争は熾烈を極めたが、両者の思想はその激論を通してより明瞭化し、後世に伝えられたところがある。『致知議略《ちちぎりゃく》』（本文の『致知議略』（1）（2）（3）を参照）はその論争の記録である。双江はその龍渓に対して次のように述べている。「尊兄は、あまりにも高邁で一般人からかけ離れ過ぎている。これまで示された見解は、混沌としてまだ汚染されていない原初状態の心について述べたものであり、現在の心を完全なものとみなし、何も手を施さないことが神妙な悟りであると言っているに他ならない。これを自分一人で楽しむ分にはよいが、普通以下の者が実際に取り組むには無理があるのではないか」（巻十一「答王龍渓」／本文の『致知議略』（3））、「王龍渓の学は、初めに仏教や道教の説を盗み取っておきながら、仏教や道教の厳しい修行については少しも言及することがない。彼らが言っている「自らを度《わた》す」（仏教語。自己を悟りの彼岸にわたすこと）とは、その逸楽私欲の情を度《わた》しているにすぎない。こうして、天下の学ぶ者をことごとく間違った方へと導いてしまっている」（巻九「寄羅念庵」第十五書）等等。「現在の心を完全なものとみなす」と主張する王龍渓の良知現成論は、聶双江にとって絶対に認めることの出来ない危険思想であったのである。（なお、実際の龍渓の主張は、心の完全性を真に信じ切って一切の思念を解き放ち、今現在の自分（良知）に全てをゆだね切ることができれば、あとは一切の工夫を必要とすることなく、心の完全性を発揮できるというものであった。ただ、ふつう人は本当の意味で自己を信じることなどできないから、そのための努力、試行錯誤は必要となってくる。その意味での工夫は龍渓においても当然必要なものであった。またこうした考え方がただちに万人に当てはまるわけではないということは龍渓も理解していた。世の中には様々な機根《きこん》の人がいるからである。多くの人に相い対する講会の場での王龍渓は、工夫には段階があり難易があるということを理解し、相手に応じて話を柔軟に変化させながら説いていたということも強調しておきたい。また、陽明門下の高弟たちは聶双江のやり方を批判したが、それは「静坐」そのものを全否定するものではなかった。実際、王陽明もその高弟たちも静坐を行なっている。状況に応じて、現在の良知が静坐をした方がよいと判断すればそうするまでである。彼らは、双江が、動の現場に出て行く前にあらかじめ静坐によって心を静めておかなくてはならないと、決めてかかっていることを批判したのである。）

一・四　自得の学

一方で、聶双江は、王陽明の良知心学《りょうちしんがく》の根幹ともいえる「自得《じとく》（自分で会得《えとく》すること）」を何よりも重んじた。王陽明の言葉に、「学問は自分の心に会得することを重視する。自分の心に問うてみて間違っていると思うなら、たとえ孔子の発言であっても、それを正しいとすることは出来ない。ましてや孔子に及ばない者はなおさらである。自分の心に問うてみて正しいと思うなら、たとえ凡愚の発言であっても、それを間違いだとすることは出来ない。ましてや孔子の発言であればなおさらである」（『伝習録』中巻「答羅整菴少宰書」）とあるが、双江はこれを忠実に実践しているような所がある。常に自らの心に問いかけて、心から本当に納得できたものだけを信じ、周囲にやみくもに追従することはなかった。自らの心に何度も問いかけて、それでも納得がいかなければ、たとえそれが師である王陽明の言葉であっても受け入れることはなかったのである。

双江が、王陽明から大きな影響を受けたのは確かである。しかしその全てをそのまま受け入れたわけではなかった。当時、陽明門下では、王陽明の初中期の語録である『伝習録《でんしゅうろく》』前篇（現在の上巻に相当）を軽んじる傾向があったという。『伝習録』前篇が編纂された頃は、陽明はまだ「致良知《ちりょうち》」説を確立しておらず、静坐を重視するような発言が含まれていたからである。しかし逆に双江はその点を評価した。双江はその『伝習録』前篇の中から、自らの心にかなう四十四条を抜き出して『伝習録節要』という書物を作成したが、これを読んだ欧陽南野は、「自分が納得した所だけを抜き出しているにすぎない」（巻九「寄羅念庵」第二書）と言って非難した。双江自身も、『伝習録節要』に収録しなかった条については、「霊妙明瞭な意念の発現を良知とみなす王陽明先生の発言に疑いを抱いた」（巻九「答陳明水」第一書）と述べている。自らが疑わしいと感じた陽明の発言（現成良知を説いている条など）はそこから除外しているのである。そして、今の世の、「知覚（心が動いたところ＝已発）を以て良知と為す」説を主張する者たちは、実は、王陽明のこうした疑わしい発言にもとづいているにすぎないとまで言っている。

とはいえ、初めから他の意見を一切拒絶して受け入れなかったわけではない。双江は決して独善的な人間ではなかった。「かつて諸公からこのような説を聞き、その真意を心に求めてみたが、数年を経ても納得するには至らなかった」（巻十一「答陳明水」）、「諸家の説について、これを自らの心において問いかけてみたが、それでも納得がいかなかった」（巻三「大学古本臆説序」）と述べているように、自らへの批判に対してもいったんは真摯《しんし》に向き合い、何年もかけて自問自答をくりかえしている。しかしそれでも納得するには至らなかった。双江は、「自らの心において納得がいかないのに、表向きだけこれに従うならば、それは己を欺《あざむ》き人を欺くことになりはしまいか」（巻九「答黄洛村」第二書）と言っている。自らの心に問うてみて納得がいかなければ、「父師（陽明先生）の言葉であっても、あえて盲従することはしなかった」（巻三「大学古本臆説序」）のである。このように、徹底して「自得」を重んじたという点に双江の大きな特徴があり、そういった意味では、双江はまさに陽明心学の実践者であったといえよう。

一・五　帰寂思想の系譜

聶双江がその思想形成において王陽明から大きな影響を受けてはいるのは確かであるが、実際には、それ以外の教えからの影響も大きかった。双江は自らの思想形成過程について次のように述べている。

真の理解に達することのないまま、聖学に盲従して四十余年。ひたすら先師（王陽明）の教えにもとづいて研鑽した。（中略）これまで『易経《えききょう》』『大学《だいがく》』『中庸《ちゅうよう》』を参究し、さらに周濂渓《しゅうれんけい》・二程子《にていし》（程明道《ていめいどう》・程伊川《ていいせん》）・李延平《りえんぺい》・朱晦翁《しゅかいおう》（朱子）・陳白沙《ちんぱくしゃ》の学を参究し、我が心に会得するものがあれば信じて疑わなかった。（巻十一「答陳明水」）

双江は、王陽明の教えに基づきながらも、『易経』『大学』『中庸』を熱心に研究し、さらに、周濂渓・二程子（程明道・程伊川）・李延平・朱子・陳白沙の学を研究しながら自らの思想を形成していった。中でも、「かつて、『易経』『中庸』をくりかえし読むことで一見解を得るに至った」（巻八「答東廓鄒司成」第一書）と述べているように、『易経』と『中庸』がその思想形成に果たした役割はとりわけ大きなものがあった。双江は「帰寂」の「寂」は陽明師説の「第一義」であるとし、これは『易経』の「寂然不動、感じて遂に天下の故《こと》に通ず。（ひっそりと静まりかえって微動だにしないが、いったん外物に感応すると天下のあらゆることに通じる）」（繋辞上伝）に基づくものだと述べている（巻八「寄王龍溪」第二書）。双江の『易経』に対する思いは並々ならぬものがあった。先にみたように、その帰寂思想は、動と静とに二分していると批判を受けたわけであるが、双江に言わせれば、そうした考えは『易経』をはじめとする儒学の経典にもとづいたものでもあった。『易経』には確かに、静から動へ、専一から能直へ、翕聚《きゅうしゅう》（集中）から発散へといった思想がみてとれる。これらを素直に読めば、逆に、王陽明の「動静一如」の説は読み取れず、双江の「動静二分」「主静従動」の方が自然な理解のように思われる。経書の解釈について言えば、陽明学派の方にむしろ無理があり、双江の解釈の方が自然に感じられるところもある。とはいえ、『大学』の「格物致知」解釈など、双江の理解に問題がないわけはなかったが。

さらに双江は『易経』とともに『中庸』を重視した。特に、首章の「喜怒哀楽の未だ発せざる、これを中《ちゅう》と謂う。発して皆な節《せつ》に中《あ》たる、これを和と謂う」(第一章)の部分を重視し、この部分にもとづいて、静坐によって「未発の中《ちゅう》(喜怒哀楽が発する前の静かで中正な心の状態)」を体認するという帰寂説を主張することになる(本文の『困弁録』弁中(2)を参照)。ただこれは双江が独自に主張したものではなく、宋代に継承された伝統的な教えでもあった。つまり、「楊亀山《ようきざん》(北宋の儒学者。程門の四先生の一人)は二程子門下の高弟である。彼が伝えたのは、人々に、静かな環境の中で喜怒哀楽が発する前の中正な心の状態(=未発の中)を体認させようとしただけである。これは頂門の一針(急所をおさえた教え)であり、往聖の絶学である」(巻八「答唐荊川」第一書)と述べているように、静坐によって「未発の中」を体認する(「静中体認」)という教えは、周濂渓《しゅうれんけい》→二程子(程明道《ていめいどう》・程伊川《ていいせん》)→楊亀山《ようきざん》→羅豫章《らよしょう》→李延平《りえんぺい》→朱子《しゅし》へと伝えられた。それは、「亀山門下の相伝の指訣《しけつ》」(『朱子文集』巻四十「答何叔京」第二書)、あるいは、「道南の指訣」とも呼ばれる(本文の『困弁録』弁中(3)を参照)。双江に言わせれば、この系譜につながる人物こそ『易経』や『中庸』を真に理解した人たちであり、帰寂思想はこうした人物によって伝えられ、自らはその継承者であるという自負があったのである。

また「亀山門下」の系譜には名を列ねているわけではないが、「周濂渓・二程子以後においては、陳白沙《ちんぱくしゃ》がその精髄を会得《えとく》した」（巻四「留別殿学少湖徐公序」）、「陳白沙の学は、すべて周濂渓の主静の説と同じである」（巻九「答応容庵」第一書）と述べているように、明代の陳白沙を深く敬愛した。その学は、静を主とするもので、静坐によって心を明澄にし、そこから天地宇宙に充満する理を体得するというもので、陽明門下においても、陽明心学の先駆をなすものとして大いに尊重された。双江は、「私はかつて士友と学を語り合う際、必ずと言っていいほど白沙先生のことを話題にして称賛し、先生の詩を歌詠して楽しんだ」（「白沙先生緒言序」）と自ら述べており、その傾倒ぶりがうかがえる。双江は、帰寂思想が確立した後も、白沙の学をこよなく愛し、その言葉を抜粋して『白沙先生緒言』を編纂するほどであった（本文の『白沙先生緒言』序を参照）。

一・六　聶双江と朱子学

双江の帰寂思想は、陽明学から離れて朱子学に接近したと言われるが、双江自身も朱子を評価し、朱子の言葉を引用することで自らの思想を代弁している（本文の『困弁録』弁中

（3）～（6）を参照）。しかし朱子の全てを評価し受け入れたわけではなく、その工夫《くふう》論（修養論）の中の「未発《みはつ》の存養《そんよう》（静坐によって心性を存養すること。つまり前節の「亀山門下の相伝の指訣」）」のみを取り入れたにすぎなかった。ここで朱子の工夫論について確認しておこう。

朱子学において実際に取り組むべき工夫は、敬《けい》（居敬・持敬ともいう）と窮理《きゅうり》（格物致知）を両輪とする。敬とは、心をひきしめて散漫にならぬようにしておく工夫であるが、その敬はさらに動時（已発の時）と静時（未発の時）の工夫に分けられる。窮理とは、事物の理を窮《きわ》めることで、様々な方法があるが、主要なものとして四書五経などの経典を研究すること、つまり、「読書窮理（書を読んで理を窮める）」が挙げられる。これを図式化すると次のようになる。

朱子学における工夫
- 敬
  - 動－已発の省察
  - 静－未発の存養…李延平も聶双江もここのみを説く。（亀山門下の相伝の指訣）
- 窮理－格物致知

敬の動時の工夫は、人倫社会の中（他者との関わり合い）にある時に行う工夫。心が発動した際（＝已発）、それをしっかりと察知して、それが善念であれば保持して拡充し、悪念であれば除去する。これを「已発《いはつ》の省察《せいさつ》」ともいう。静時の工夫は、人倫社会から離れ、ひとり静かにいる時に行う工夫。心が動き出す前（＝未発の時）に静坐をして心身を静め養う工夫、これを「未発の存養」ともいう。ただ朱子学においてはこの両者の工夫は二つにきっぱりと分けられるものではなく、「未発の存養」を主として「已発の省察」を従とし、主（静）から従（動）へという順序で連続したものでなければならなかった。これについて、朱子は林択《りんたく》之《し》に宛てた書簡で次のように述べている。

心の体というものは有無を貫通し、動静を包含するものである。したがって工夫もまた有無を貫通し、動静を包含してこそ落度がないのである。もし必ず心が発動するのを待ってから省察し、省察してから存養するというのであれば、工夫に行き届かぬところが多々出てくる。ただ心が発動する前に涵養しておけば、発動した場合に自然に節度にかなうものが多く、節度にかなわないものが少なくなり、体察する際にも、きわめて明瞭に見てとれて努力がしやすくなるのである。（『朱子文集』巻四十三「答林択之」第二十二書）

朱子が説く敬の工夫は、「未発の存養」（静時の工夫）を重視するものの、「已発の省察」（動時の工夫）をきっぱりと切り捨てるものではなかった。これに対して双江も朱子と同様に「敬」を説きはするが、それは、「未発の存養」のみであって、それさえしっかりなされていれば、「已発の省察」という工夫を行う必要は一切ないというものであった（「格物に工夫なし」「動処に工夫なし」）。「已発の省察」は意識的に行うものではなく、自然に無意識のうちに行われるものであって、それは工夫ではなく、あくまでも「効験《こうげん》（工夫の結果として自然にあらわれてくる現象）」にすぎないとしたのである。

　また朱子は工夫のもう一つの軸として「窮理」（『易経』説卦伝）を説く。つまり事物の理を究明することであるが、朱子はこの窮理を『大学』にいう「格物致知」のこととして解釈した。いわゆる「格物窮理」である。朱子は「格物」を「事物の理に窮《きわ》め至《いた》る」、「致知」を「知識を推し極める」と解釈する。具体的に言うと、四書五経などの経典を読むことで理（道理・真理）を究明したり（＝読書窮理）、古今の人物を論評してその是非を弁別したり、事物に応接してその対処の仕方の当否を明らかにしたりすることである。朱子はこの格物致知について『大学或問』の中で、北宋の程伊川の言葉を引用する形で、「今日一物の理を窮《きわ》め、明日また一物の理を窮《きわ》め、こうした努力を長く積み重ねていってある段階に達すると、一切のしがらみから解放されて、万事万物の理に通ずることが出来る」と説明している。この朱子の「格物致知」説は、朱子学の中で最も重要な部分であるが、双江は、こうした朱子の説は自己の外に道理を求めていくもので、「多見多聞《たけんたぶん》の学（見聞を広めるだけの学問）」であり、自己の内（心）に道理を求めていく聖人の学とは異なるものであるとして、取り入れることはなかった。

では王陽明の解釈に対してはどのようであったのだろうか。王陽明は、「私がいう致知格物とは、わが心の良知を事事物物の中にあって致すことである。（中略）わが心の良知を致すことが致知である。事事物物がみな理にかなうこと（かなうようにすること）が格物である」（『伝習録』中巻「答顧東橋書」）、「（格物の）格とは正すなり。その正しからざるを正して以て正に帰するなり」（同上巻）と説いている。つまり、「致知」「格物」を、様々な物事に対処するにあたって、自らの心中に発した思いを正していくという、動の現場における「已発の省察」として解釈している。ところが双江は、「致知」を王陽明にしたがって「良知を致す」と読みはするものの、その解釈は陽明とは異なり、静坐によって「吾が良知本体の量を充満すること」、つまり心を静め気（身体）を養う「未発の存養」として解釈した。また「格物」に至っては、「格物に工夫なし」といい、それは工夫ではなく、あくまでも「効験（工夫の結果としてあらわれる現象）」にすぎないとしたのである。双江は、『大学』の「格物致知」の解釈において、朱子の説を完全に否定したが、王陽明の説とも大きく異なるものであった（「陳明水への書簡（2）」の余説を参照）。

さらにいうならば、陽明学は現在の心の完全性を信じ切ることを大前提とするものである。一方で朱子学は、人の心は本来は完全なものではあるが、現実には生来の気質の影響を受けていて不完全であり、その完全性を取り戻すために工夫が必要とされる。この「現在の心の不完全性」を前提として工夫の必要性を説くという点においても、双江の帰寂思想は陽明学から離れて、朱子学に接近したと言えるのである。

以上が、聶双江の帰寂思想の概要である。では、その思想はどのような生涯の中で形成されていったのだろうか。またそうした思想は社会の現場でいかなる力を発揮し得たのだろうか。以下、こうした点に留意しつつ、聶双江の生涯についてみていこう。主に参考にした資料は、宋儀望「双江聶公行状」・徐階「墓誌銘」・『明史《みんし》』聶豹伝（巻二百二列伝第九十）・『明儒学案』江右王門学案二「貞襄聶双江先生豹」・佐藤仁「聶双江」（『陽明門下（上）』所収、陽明学大系第五巻』）・呉震「聶豹略年譜」（『聶豹・羅洪先評伝』所収、中国思想家評伝叢書）などである。

二　聶双江の生涯

二・一　生誕〜三十三歳　若き日の聶双江

成化《せいか》二十三年（一四八七）正月十三日、聶双江は、現在の江西省《こうせいしょう》吉安市《きちあんし》永豊県《えいほうけん》に生まれた。江西省の吉安といえば、王陽明やその門人たちにとって極めて重要な地域である。貴州省龍場に左遷され、いわゆる「龍場《りゅうじょう》の大悟《たいご》」を果《はた》した王陽明は、その後同地を離れ、正徳《せいとく》五年（一五一〇、王陽明三十九歳）に吉安府廬陵県《きちあんふろりょうけん》の知県《ちけん》に着任しているが、同十四年（王陽明四十八歳）、宸濠《しんごう》の乱が起った際に陽明が義兵を興したのも吉安であり、乱平定後の翌年にも再び吉安にやってきて、近郊の青原山《せいげんさん》などで講学を行なっている。そしてこの時期、陽明の思想は最も深化熟成し、吉安に隣接した贛州《かんしゅう》の地で「致良知」説を唱え始めるのである。

このように吉安は王陽明と深い関係があり、この地から、聶双江をはじめ、鄒東廓《すうとうかく》・欧陽南《おうようなん》野《や》、羅念庵《らねんあん》・鄒南皋《すうなんこう》・劉師泉《りゅうしせん》・胡廬山《ころさん》などの有力な門人たちが多数生まれることになる。黄宗羲《こうそうぎ》はその著書『明儒学案』で、吉安をはじめとする江西出身の門人を「江右王門《こうゆうおうもん》」として分類し、「姚江《ようこう》（王陽明）の学、惟《た》だ江右のみ其の伝を得ると為す」「陽明の一生の精神は、倶《とも》に江右に在り」（江右王門学案一）と述べ、江右王門こそ王陽明の真髄を伝えているとして高く評価している。

聶双江は、吉安府下の永豊県に生まれた。自宅が同県の双渓にあったことから、のちに自ら双江と号すことになる。十六歳のとき、当時、江西提学副使《ていがくふくし》であった邵二泉（諱は宝、無錫の人。蔵書家として著名）のもとで弟子員（県学の成員）となったが、二泉は一見してその素質を見抜き、大いに称賛したとされる。

弘治《こうち》十七年（一五〇四、十八歳）、夫人宋氏を娶った。この頃、父（水雲公）の家業が日に日に傾いていったが、そうした状況の中でも父は、双江の教育には惜しみなく財を投じた。母（鄒氏）はその事を大いに心配したが、父はただ黙って微笑むだけであった。こうした両親の苦労を目にして育った双江は、つねづね、「私が科挙《かきょ》の試験に合格できなければ、両親の苦労に報いることができない」と語って涙を流していたという。

正徳元年（一五〇六、二十歳）、この頃、郭梅崖《かくばいがい》のもとで学んだ。梅崖は、双江の郷里では篤学《とくがく》の師として知られ、孝弟《こうてい》を重視して教育を行い、一時、その門下には百人を超える学徒がいたという。双江は、帰寂思想を確立する以前の中年期に、孝弟を軸とした良知論を展開するなど（本文の「王陽明への書簡（2）」を参照）、生涯を通して孝弟を重んずるところが見られるが、これは双江の生い立ちや、郭梅崖の教育も影響しているのかもしれない。

正徳十一年（一五一六、三十歳）、江西郷試《きょうし》（科挙の地方試験）に合格。この時、双江が選択した受験科目は『易経』であった。双江は生涯を通して『易経』を愛読しており、後に確立される帰寂思想もこれに依るところがすこぶる大きい。

正徳十二年（一五一七、三十一歳）、科挙の最終試験に合格して進士となった。少年の頃からの念願を果たし、両親の恩に報いた。なお、この時の会試《かいし》（都北京で行われた第二試験）の主考官は厳嵩《げんすう》であった。つまり、厳嵩は双江の座師《ざし》ということになるわけだが、この人物は後に内閣大学士首輔《ないかくだいがくししゅほ》（宰相に相当）となり、その子の世蕃《せいばん》とともに権勢をもっぱらにし、『明史』の姦臣伝《かんしんでん》にも名を連ねる悪名高き人物であった。ただ、双江は江西省出身の厳嵩とは同郷で、師弟の間柄ということもあって礼を尽くして接し、厳嵩もまた何かと肩をもってくれることもあったが、晩年はまさにその厳嵩の一派と対立したことで政界から退くことになる。さて、晴れて科挙の最終試験に合格した双江であったが、同年の冬にはさっそく休暇を乞うて吉安に帰郷している。そして門を閉ざして来客を謝絶《しゃぜつ》し、古《いにしえ》の聖人の道に志して学問に励んだ。このように隠逸《いんいつ》を好む傾向は生涯を通してみられ、後に確立される帰寂思想も双江のこうした性向によるところも大きいと思われる。

二・二　三十四歳～四十五歳　王陽明に学び、その後入門

正徳十五年（一五二〇、三十四歳）、華亭県（江蘇省松江県）の知県を拝命し、官僚としての第一歩を踏み出した。当時、この地は汚職がはびこっていたが、双江は着任するや直ちに改革に取り組んだ。役人らに尋問して、適正に徴収されていなかった租税を徹底して追求し、官銀一万六千余両、米五千六百余石を返還させた。さらに水利事業や教育事業等にも積極的に取り組み、上下を問わず人々から称賛されたという。在任したわずか三年の間に、貯蓄した米穀は十九万余石、復業した人戸は三千二百二十三戸にものぼった。また職務の余暇を利用して人材教育に努め、多くの優秀な人材を輩出した。中でも著名なのが、後に世宗《せそう》・穆宗《ぼくそう》の二代に仕えて善政を施し、名宰相と謳われた徐階《じょかい》である。徐階はこの時二十歳の学生であったが、双江はその才能を見て、「彼には宰相の器がある」と称賛したとされる。のちに徐階は礼部《れいぶ》尚書《しょうしょ》の任にあるとき、師である双江を北京の中央政府へ推薦するなど何かと肩を持ってくれ、生涯を通して師への敬意を忘れることはなかった。その後、徐階は内閣大学《ないかくだいがく》士首輔《ししゅほ》まで出世している。

嘉靖《かせい》四年（一五二五、三十九歳）、招聘《しょうへい》されて監察御史《かんさつぎょし》（正七品）となった。拝命するや、

政界に害毒を流していた宦官や権臣の不正を暴いて弾劾し、能諫の名を馳せた。

翌五年（一五二六、四十歳）春、応天府《おうてんふ》（南京）に移り、馬政《ばせい》（官用馬の飼育・調教・買い付け等を管理する機関）の積年の弊害について上訴《じょうそ》した。またこの年の夏（春三月から夏四月にかけての十日間）、双江の人生において大きな転機をもたらす出来事があった。越《えつ》（浙江省紹興）に王陽明を訪ねて会見し、良知の学を問うたのである。この時の様子について、『明儒学案《みんじゅがくあん》』の聶豹伝は次のように記している。

陽明が越（浙江省紹興）に在任していたとき、双江先生は、福建道（応天府カ）の監察御史の職にあったが、武林（杭州）を通過し、銭塘江《せんとうこう》を渡って陽明に会見しようとされた。周囲の人々は強く反対して思い止まらせようとしたが、先生は聴かれなかった。会見が実現すると大いに喜び、「君子が行うことは、衆人にはなかなか理解出来るものではないのだ」と言われた。しかし依然として人に接すると大いに動揺してしまうので、書簡をしたためてこの事を問われた。陽明は答えて言われた。「私が学問を講じるのは、人から信じてもらうことを期待してのことではない。私の已《や》むに已まれぬ思いをただ実践しているにすぎないのである。もし人が自分を信じてくれないことを恐れるなら、必ずや人を選んでこれに与《くみ》するようになる。これでは自らその心を喪失してしまうことになる」と。先生は、これを読んでハッとされた。

双江は周囲の反対を押し切って王陽明に面会した。当時世間一般から狂人あつかいされ、孤立無援の状態にあった陽明は、その来訪を心から喜んだにちがいない。面会の後、双江はすぐに陽明に書簡をしたためたが、それに対する陽明の返書が、『伝習録』中巻所収の「答聶文蔚」第一書である。陽明は双江との面会を終えての率直な感想を、高弟の欧陽南野に次のようにもらしている。

…文蔚《ぶんい》（聶双江）は、生来の資質は甚だ厚いものがある。日ごろ取り組んでいる学問工夫については、全てが正しいとは言えないものの、質朴誠実で古《いにしえ》に学ぶことに志している者である。最近は、いたずらに口先だけの説を尊び、もっともらしくしていながら行動がともなわず、自身に対して少しも疑問を抱くことのない連中が多い。彼らと較べれば雲泥の差がある。先日、彼の訪問を受けたが、公務で忙しく、長く滞在してもらうことが出来ず、ただ文義（経典の解釈）についての質問に、慌ただしく返答して終わってしまったことが惜しまれてならない。本当に伝えたかった思いをほとんど語ることが出来ず、彼が去った後は悶々《もんもん》と自責の念に苦しめられた。良知の説については、最近は多くの朋友たちが講じてはいるが、一、二年を経ても依然として迷いの中にいて安定しない。文蔚は、私が口を開けばすぐに理解して信じてしまう。その資質は誠に人に抜きんでている。ただ、その理解はまだ浅く、透徹して「立つ所有りて卓爾《たくじ》たるが如し」(『論語』子罕篇)という確固不動の境地には至っていない。これは、書物から得た知見(書見)や、かつて見聞したこと(旧聞)の影響から抜け出せてないことによる。しかし、その胸中には不純なものがきわめて少なく、すでに肝要の所をつかんでいる。さらに、「篤く信じて学を好んでいる」(『論語』泰伯篇)。このようであれば、いつの日か必ずや透徹に至るはずである。(「与欧陽崇一」第二書、『新編本王陽明全集』巻四十五「補録七」、浙江古籍出版社)

陽明は、双江にはまだ「書見旧聞」の影響から抜け出せてない所があるとは言うものの、その学問に対する熱意と生来の類まれなる素質を称賛し、将来を大いに期待した。双江は、陽明の目に適った人物であり、将来、大ばけする可能性があると陽明が信じた人物であった。こうした経緯もあって、陽明門下の高弟たちも双江には一目を置いていたと思われる。その後、学説の上では厳しく双江を批判しても、決して見捨てることはせず、友情に満ちた交流は生涯続くことになるからである。

嘉靖六年(一五二七、四十一歳)、福建道の監察御史となる。この年の春、真州(江蘇省儀徴市）に滞在中、王陽明に二度目の書状をしたためて送った。ただこの書簡は現在確認することは出来ず、陽明が受け取っていたかも不明である。この年の九月、王陽明は、朝命により生涯最後の遠征となる、広西の思恩・田州地方の匪賊討伐へと出発している。双江はさらにこの年、欧陽南野へも書簡をしたためているが（巻八「答欧陽南野太史」第一書）、その内容を見ると、この頃の双江には帰寂説はまだみられず、「孝弟（悌）」を重視し、その実践を通して致良知の学を理解しようとしていたことがみてとれる。それは翌年に陽明にしたためた三度目の書状（巻八「啓陽明先生」）においても確認することができる（本文の「王陽明への書簡（2）」を参照）。

嘉靖七年（一五二八、四十二歳）正月、福建に入ると早速、綱紀粛正にとりかかり、汚職に手を染めていた官吏を取り調べて次々に摘発した。人々は双江の手腕に快哉を叫んだという。また人材教育にも力を入れ、養正書院《ようせいしょいん》を建設。福建各地から優秀な人材を集めて講義し、学生のための教科書として『伝習録《でんしゅうろく》』『道一編』『二業合一論』『大学古本《だいがくこほん》』を重刻している。『伝習録』（陳明水とともに重校）と『大学古本』は王陽明に関するものであるが、『道一編』は朱陸調和論者として知られる程敏政《ていびんせい》の著作。『二業合一論』は徳行と事業の合一を論じた湛甘泉《たんかんせん》の著作。湛甘泉は王陽明の盟友であるが、この頃、双江とは淮陰《わいいん》で邂逅して深夜まで講論するなど交流があった。

この年の春（夏とする説あり）、福建の漳州《しょうしゅう》から戦地の王陽明へ三度目の書簡をしたため、種々の教えを請うた。これが本書収録の「啓陽明先生」（本文の「王陽明への書簡」（1）（2））であり、これに対する陽明の返書が、『伝習録』中巻に収められている「答聶文蔚」第二書である。この時、双江の書簡を読んだ陽明は、「文蔚《ぶんい》（聶双江）が書簡の中で論じている内容は、〔以前と比べると〕飛躍的に進歩しており、誠に一日千里の勢いがある。喜ぶべし、喜ぶべし」（『王文成公全書』巻六・文録三「与陳惟濬」）と述べ、双江の学問が大いに進んでいることを心から喜んでいる。陽明は、その最晩年に現れてきて真摯に学ぼうとする双江の姿に心動かされ、自らも大いに励まされ、慰められたのかもしれない。陽明は、双江への答書をしたためてから一か月後の十二月二十九日、つい不帰の客となった。福建の地で訃報に接した双江は深く悲しみ、「哭陽明先生」（巻十二）と題した漢詩二首を作ってその死を悼んだ。

嘉靖八年（一五二九、四十三歳）、蘇州《そしゅう》府の知府に任命され、翌年に蘇州に赴いた。就任するや、学校を興し、風俗を正し、民衆の苦悩を調査し、賭博を規制し、悪人たちを抑制した。蘇州は東南の古都で、古来、豪放不羈《ごうほうふき》を好む気風があり、この地を統治することは極めて難しいと言われていたが、双江は悠然と事を裁いていった。また教育にも力を入れ、学道書院《がくどうしょいん》で講義を行い、多くの優秀な人材が双江のもとから巣立っていった。後に太子《たいし》太保《たいほ》兼吏部《りぶ》尚書《しょうしょ》となった厳訥《げんとつ》（号は養斎）、南京《なんきん》国子監祭酒となった瞿景淳《くけいじゅん》（号は昆湖）、大同巡撫《だいどうじゅんぶ》や兵部右侍郎《へいぶうじろう》となった王忬《おうよ》（号は思質、王世貞の父）等がそうである。また役所前の壁に二十四孝《にじゅうしこう》の故事を描かせ、その前で民衆を教化することで効果を上げたという。

　この年（嘉靖九年）、双江は正式に王陽明の門人となった。以前、陽明に面会して教えを受け、その後も書簡の往復を通して教えを受けてはいたものの、門人と称するには至っていなかった。このことを後悔し、陽明の高弟であった銭緒山《せんちょざん》と王龍渓に会った際、「吾が学問は、誠に陽明先生から会得したものである。願わくは再びお会いして教えを受けたいものであるが、〔すでに先生は亡くなってしまい〕今ではもうどうすることもできない」（「陽明年譜」嘉靖五年丙戌）と言い、二人を証人に立てて位牌を設け、北面して再拝し、正式に王陽明の門人となった。そして、陽明が双江に宛てた二通の書簡（『伝習録』中巻所収「答聶文蔚」第一書・第二書）を石に彫り、生涯の教訓として胸に刻んだ。

　ところで、この年、双江は初めて羅念庵と出会っている。念庵はその後、双江に接近して帰寂思想に深く傾倒し、双江と並んで王門帰寂派の双璧となる人物である。ただ、この時はまだ双江は帰寂思想を確立しておらず、念庵自身も王龍渓の良知現成論に傾倒していた。後に確立されることになる双江の帰寂思想を、念庵が受け入れるようになるには、まだ二十年近くの歳月を待たなければならなかった（羅念庵については本文の「王龍渓への書簡（2）」を参照）。

二・三　四十五歳〜五十五歳　帰寂思想の形成

嘉靖十年（一五三一、四十五歳）十月、父の訃報に接し（九月十三日死去）、ただちに江西に帰郷した。葬礼は全て古礼に遵《したが》って執り行い、喪が明けると上訴して致仕を申し出た。

嘉靖十三年（一五三四、四十八歳）六月には母も亡くなり、それ以降は門を閉ざして外出を控えた。こうして、父の訃報に接して帰郷してから、嘉靖二十年（一五四一、五十五歳）に平陽府《へいようふ》の知府に着任するまでの十年間、双江は長い家居生活に入ることになる。そしてこの十年間こそは、双江の思想形成において非常に重要な時期であった。宋儀望の「双江聶公行状」に、「戊戌《ぼじゅつ》（一五三八）以後、先生、本体虚寂の旨を悟る有り」とあるように、まさにこの十年の家居期間に双江の思想は深化し、帰寂思想が形成されるのである。

なお、この期間、人との交流を一切拒絶して家に籠っていたわけではなかった。嘉靖十三年（一五三四）の仲春には、鄒東廓や学友らと青原山で講学を行い、同十七年（一五三八）にも鄒東廓らが開催した講会に参加している。その間、嘉靖十六年（一五三七）の夏には、病気療養のため居を翠微山《すいびさん》に移して数か月を過ごしたが、双江はこの山中で『大学古本』を研究し、後に、『大学古本臆説』を執筆することになる（本文の『大学古本臆説』序を参照）。「括言」（巻十三）という資料に、翠微山中における友人の劉中山との会話が記録されているが、そこには、「拡充というは、蓋《けだ》し、またその未発の者よりこれを充たして以てその量を極む」、「発して後に充たせば、道を離るること遠し」とあり、また嘉靖十七年の鄒東廓とのやりとりにおいても、「致知は吾が良知本体の量を充極し…」等とあり、「帰寂」という言葉こそ用いてはいないものの、この頃に帰寂思想の基本がすでに形成されていたことが確かに見て取れる。なお、この時期に羅念庵が訪ねてきて双江に学を問うているが、この時点では、その時まさに形成されつつあった帰寂思想を信じるには至らなかった。

二・四　五十五歳～五十七歳　平陽知府としての活躍

嘉靖十九年（一五四〇）以降、モンゴル（北虜）が毎年のように北方の国境から侵入し、山西《さんせい》地域は甚大な被害を被っていた。そこで、翌二十年（一五四一、五十五歳）九月、嘉靖帝は朝廷からの推薦を受けて双江を平陽《へいよう》府（府庁は現在の山西省臨汾）の知府に任命し、北方の防御に当たらせようとした。ちょうどその時、伯兄の丹徒公（五巘公、諱は洪）が亡くなったこともあって、双江は平陽行きをためらったが、丹徒公の子の聶静（給事中、儀部郎中）から強く促されたこともあってついに平陽行きを決意し、その年の十二月に着任した。これによって十年の長きにわたった家居生活に終止符が打たれ、モンゴルの侵入に脅かされていた平陽という厳しい土地で任に就くことになった。そしてここで、確立して間もない帰寂思想の真価が問われることにもなった。

双江が平陽に着任すると、府の倉庫は涸渇し、兵を募り砦を築くなどの防備は全く施されていない状況であった。そこで、先ず、各州県の富民に羊肉と酒をふるまって寄付を募るなどして銀二万二千余両を集め、さらには、犯罪容疑者から贖罪金として銀五千両を徴収するなど、様々な手を尽くして資金をかき集めた。こうして関所を修築し、郭家溝・冷泉・霊石など周辺の防御を固め、さらに、民兵六千人を訓練して平陽の守りを盤石なものとした。

嘉靖二十一年（一五四二、五十六歳）、モンゴルのアルタンが馬市《ばし》（馬を中心とした交易）の開設を求めて使者を大同に派遣してきたが、大同の長官がその使者を捕らえて殺害するという事件が起った。これにアルタンは激怒し、大挙して国境から侵入して山西一帯を掠奪し、男女二十万人を殺害・連行した。こうした状況の中、平陽だけは守りが固く、双江が講じていた種々の策のために侵入することが出来ず被害を免れた。また、食糧が欠乏して多くの人々が飢えに苦しんでいたので、粥の炊き出しを行い、日に数千もの人々に食事を提供した。さらには、城濠を浚い外城を築いて防備を強化したが、その際、現地の民衆の協力を募ることで数千人の雇用を生み出した。こうして知府として数々の目覚ましい功績を挙げ、その名声は嘉靖帝の耳にまで届くことになる。帝は双江の手腕に対して、「豹（聶双江）は何《いか》なる状なれば乃ち能《よ》く爾《しか》らん。（聶豹とは一体いかなる人物なのか。どうしてこのような事を成し遂げることができるのか）」（『明儒学案』江右王門学案二ほか）と言って称賛したと伝えられる。帝はこれ以降、ますます双江に信頼を寄せていくことになる。

平陽ではモンゴルに対する防衛に多くの時間を割いたが、その余暇には講学を行い、さらに『平陽古今人物題名記』を編修して当地の古今の偉人を顕彰し、諸生らを奮い起こした。またこの年（嘉靖二十一年）の冬に『大学古本臆説』を著した。この書は、先の家居十年の間に形成された帰寂思想を、『大学』の解釈を通して整理したものであった。彼の帰寂思想が、平陽という非常に厳しい現場においても十分に力を発揮し得ることが証明されたことで、双江はより確固たる自信を得てこの書を著したと思われる。双江はこの著書を頗る重視したが、残念ながら現代には伝わっていない。ただ、宋儀望が著した「双江聶公行状」にその一部が紹介されており、その概要を知ることができる（本文『大学古本臆説』序の余説を参照）。

二・五　五十七歳～六十四歳　獄中体験

平陽での成功は双江の名声を大いに高めたが、当時の腐敗した官界では、こうした人物を蹴落とそうとするのが常であった。嘉靖二十二年（一五四三、五十七歳）、双江は、陝西《せんせい》按察《あんさつ》司副使《ふくし》に抜擢されたが、その後、三年ごとに実施される地方官の勤務調査（大計）において、平陽での知府時代に横領を働いたとの罪状をでっちあげられて、弾劾されることになる。こうして双江は暇を乞うて江西に帰郷し、再び家居生活に入ったが、その後も審議は続けられた。嘉靖二十六年（一五四七、六十一歳）、時の権力者であった夏言《かげん》は双江への讒言《ざんげん》を受け入れ、ついに双江を逮捕して投獄した。宋儀望の「双江聶公行状」は、この時の状況を次のように伝えている。

〔双江先生は〕かつて逮捕された時、取り乱すこともなくゆったりとした様子で使者に会い、囚人服に着替え、深くため息をついて家を出られた。家の中からは悲しみ泣き叫ぶ声が聞こえてきたが、先生の耳には入ってこないかのようであった。門人や父老（郷村の長老）が先生を見送ったが、涙を流さないものはいなかった。先生はただ手を拱《こまね》いて拝礼し、別れを告げて去って行かれた。この時、鄒東廓や羅念庵などの諸士が、江のほとりまで見送りのために同行したが、その道中においてもなお学を講じることをやめられなかった。この時に先生を連行していた錦衣衛の戴経伯常は、弟子の礼を執って教えを受けている。監獄に入ると、間もなくして夏言（号は桂州）もまた罪を着せられて投獄されてきた。そこで先生は彼のために性命の真機について説かれたが、夏言は深くこれに納得した。ああ、このような所に、先生がいかなる人物であったのかを見てとることが出来るのである。

双江が投獄されて間もなくして、夏言もまた政敵の厳嵩によって投獄され、二人は獄中で対面することになる。このとき夏言は、双江に着せられた罪が根拠のないものであることを知ったが、双江はそれに対して少しも恨む様子がなかったので、夏言はその度量の大きさに感服し、自らがこれまでしてきたことを大いに恥じ入った。双江は世間と隔絶された獄中にあって、抵抗するどころかむしろその状況を静かに受け入れ、静寂極まる環境の中で黙坐し、これまで学んできた経書の内容を頭にめぐらせつつ自らの思索を深め、そして自らに内在する本性に徹底して向き合った。黄宗羲は『明儒学案』の中で、双江のこの獄中体験について次のように記している。

獄中において、閑暇が長くつづき静寂が極まると、たちまちこの心の真体が光輝いて澄みわたり、ここに万物がことごとく備わっていることを見性した。そして歓喜して次のように言われた。「この心こそが『中庸』にいう未発《みはつ》の中《ちゅう》である。これをとり守って失うことがなければ、天下の理は尽くここから流れ出てこよう」。

双江の帰寂思想は、先の家居十年間においてすでに確立していたが、この獄中体験によってより深化し、盤石《ばんじゃく》になったものと思われる。双江はのちに獄中での体験や悟得した思想を整理し、『被逮稿』『困弁録』『幽居答述』等を著わしたが、この中でも『困弁録』は特に重要であり、ここに双江の帰寂思想が網羅的に整理されている（本文の『困弁録』弁中を参照）。

嘉靖二十八年（一五四九、六十三歳）春正月、双江の冤罪が明らかとなり、ついに釈放されて帰郷し、再び家居生活に入った。門人のために静坐の法を立てて帰寂思想を説くなど、しばらくは平穏な日々を過ごしていたが、ほどなくして明王朝を震撼させる大事件が勃発する。嘉靖二十九年（一五五〇、六十四歳）秋、モンゴルのアルタンが大挙して国境から侵入し、各地を掠奪してまわった後、北京城を包囲したのである。この事件は後にその年の干支から「庚戌《こうじゅつ》の変」と呼ばれることになる。アルタンは再び馬市《ばし》の開設を強く要求して数日後には去って行ったが、この事件は嘉靖帝を大いに激怒させた。帝は諸臣の怠慢を責め、この屈辱的な状況を打開すべく人材を新たに外に求めた。そしてこの時に白刃の矢が立ったのが、平陽で目覚ましい功績を挙げて帝を驚嘆させた聶双江であった。これは、双江の華亭県時代の愛弟子で、このとき礼部尚書の任にあった徐階の強い推薦によるものでもあった。江西の田舎で悠々自適の日々を過ごしていた双江は、こうしてついに中央政界に入ることになる。はじめは都察院右僉都御史《とさついんうせんとぎょし》を拝命したが、赴任する直前に兵部右侍郎《へいぶうじろう》に抜擢されて十二月に着任した。

二・六　六十五歳〜六十九歳　兵部尚書として奮闘

嘉靖三十年（一五五一、六十五歳）、北京城の九つの城門を巡視して六事の意見書を上呈し、その多くが採用された。九月には兵部左侍郎《へいぶさじろう》に転じ、軍事費を整理し、ふたたび六事の意見書を上呈した。その後、新設されたばかりの協理京営戎政《きょうりきょうえいじゅうせい》に任命され、北京の軍隊を監督した。

嘉靖三十二年（一五五三、六十七歳）正月二十七日、双江は、兵部尚書《へいぶしょうしょ》（正二品）に昇進し

た（徐階「墓誌銘」は嘉靖三十一年）。兵部尚書とは兵部（軍部）の長官であり、国家の防衛・軍隊を統括する最高責任者である。就任すると双江は、長城を修築し、要塞を増強し、兵士を厳選して調練し、食糧を備蓄し、精鋭の軍隊を分散して駐屯させた。このように国土防衛の策を次々に打ち出したことで、双江の名声はさらに高まった。帝の信頼はますます厚く、太子少保《たいししょうほ》（正二品）が加官された。

　嘉靖三十三年（一五五四、六十八歳）、双江が上訴して建設が進められていた北京城の外城が完成し、双江は太子少傅《たいししょうふ》（正二品）に昇進した。同年十月、モンゴルが薊州《けいしゅう》を掠奪しようとして六昼夜にわたって城壁を攻撃したが、侵入することが出来なかった。この功績によって太子太保《たいしたいほ》（従一品）が加官された。帝もまた双江を信頼し、その意見をことごとく取り入れて実行に移した。そして、まさにこの時が双江の政界における絶頂期であった。

　一方で、まさにこうした時期に、北京の霊済宮《れいさいきゅう》（永楽年間に建てられた道教寺院）で陽明学派による講会が盛大に催された。聶双江・徐階・欧陽南野・程文徳が盟主となって嘉靖三十二年から翌三十三年にかけて開催され、参集した人々は千人にも及び（『明史』欧陽徳伝は五千人とする）、数百年来、未曽有の盛会であったとされる。まさに陽明学派にとっても絶頂期を迎えていたのであり、その中心人物の一人として双江の存在があった。

ただ、陽が極まれば陰に転ずるのが天の道理である。嘉靖三十三年を頂点として、その後、双江の政界における命運は尽き、一気に下降へと転じていく。それまで北虜《ほくりょ》（モンゴル）の防衛に対しては、数々の成功を収めてきた双江であったが、この頃から、北虜に加えて南《なん》倭《わ》、すなわち倭寇《わこう》の侵略が激しくなっていく。北虜南倭の時代の本格的な到来である。

倭寇とは、十三世紀から十六世紀にかけて、朝鮮半島から中国の沿岸地域にかけて出没し、掠奪や密貿易を行った海賊集団のことで、十三世紀から十五世紀のものは前期倭寇、十五世紀後半から十六世紀のものは後期倭寇として区分される。前期倭寇は、日本の西国方面を本拠地とする武士団や海賊集団が主体であったが、後期倭寇は中国人が主体であった。明の嘉靖年間にその活動が激化したが、その主な要因となったのが、海外渡航と貿易を厳しく制限する海禁政策であった。嘉靖二年に起こった寧波《ニンポー》事件をきっかけとして明朝は次第に海禁政策を強めていったが、それに呼応する形で嘉靖二十年代に倭寇の活動が活発化し、嘉靖三十二年に入ると、王直《おうちょく》（生年不詳～一五五九）を頭目とする賊集団が大挙して押し寄せる等、いわゆる「嘉靖の大倭寇」時代に突入していった。北虜のみならず、南倭の活動も活発化したことで、北からも南からも連日のように至急の檄文が届くようになる。兵部尚書として国防の最高責任者の任にあった聶双江は、この間、朝夕職務に邁進し、兵部に留まってほとんど自宅に帰ることはなかったという。

嘉靖三十四年（一五五五、六十九歳）に入ると倭寇の活動はさらに激化し、東南の各地で掠奪による被害が甚大となり、その対応に奔走した。当時の政界は、嘉靖帝の信頼を得ていた厳嵩《げんすう》とその子の厳世蕃《げんせいばん》らが牛耳っており、讒言《ざんげん》や賄賂が公然と横行して腐敗の極みに達していた。北虜南倭という未曽有の事態に、朝廷内における政敵との闘いも加わったことで、さすがの双江も追い込まれていく。最後は、厳嵩一派の主張に異を唱えて対立したことで帝の怒りを買い、ついに老疾を理由に致仕《ちし》を申し出ることになる。こうして政治家としての人生に終止符を打ち、江西に帰郷することになった。六十九歳の春のことであった。（なお、『明史』聶豹伝は、聶双江の最後の失脚の場面において、双江には「応変の才（臨機応変の才能）」はなかったとし、政治家としていかに無能であったかを強調し、さらに、皇帝の機嫌をうかがい恐れおののく卑しい人間であったかのように描いている。『明史』のこの記述は、後に聶双江が低評価される一つの大きな要因となっているように思われる。著者自身は、こうした記述は公正さを欠くものであり、大変疑わしいと考えているが、聶双江の政治的実績については、歴史学の方面からもさらなる検証が必要であろう。）

二・七　六十九歳〜七十七歳　郷里での最晩年

郷里に帰った双江は亡くなるまでの八年間、老堂を建て、旧友や門生子弟らと古昔を談述し、学術を講究するなど、実に穏やかな日々を過ごしている。一方で、書簡の往復を通して王龍渓と熾烈な論争を展開し、その内容を整理して『致知議略』を著したのもこの時期であった。鄒東廓・羅念庵・劉獅泉らと郷里の復古《ふっこ》書院で講会を開いたのもこの時期であり、陽明門下の人々との交流も最後まで続いた。また、「私は天下において志を実現することが出来なかったが、今後は郷里においてその実現に努めたい」（徐階「聶双江先生墓志銘」）と言って、これまでの経験や人脈を生かして郷土のために力を尽くしている。政治家聶双江としてみるならば、中央政界における最後の失脚は汚点であったのかもしれない。しかし、人間聶双江としてみるならば、最後は郷里で平穏な日々を過ごし、実に充実した最晩年であったと言える。双江は、嘉靖四十二年（一五六三）十一月、七十七歳でその生涯を閉じた。

若い時からひたすら古《いにしえ》の聖賢の学に志し、その探求と体得に努め励んだ人生であった。常に自らの心に向き合い、自問自答をくりかえし、その思いに正直に生きた人生であり、見事に生き切った人生、燃焼しつくした人生であったといえよう。以下、その著述・書簡を通して、その思想について具体的にみていくこととしよう。

本文

『困弁録』自序

○『困弁録』自序　～困難な状況下にあっても心を養うことを怠らない～

嘉靖二十六年（一五四七）十一月二十一日、私は逮捕されて京師《けいし》（北京）に連行され、その翌日、投獄された。日々、なすべき事もなく、ただ壁に向かって座り、自らの心を見つめ、そして、日ごろ学んできたことが、今この時この状況において実際に役立つ所があるのかどうかを考えてみた。そこで、およそ経書に記されていることで、かつて自分なりに理解していた所を何度も口に唱えては反芻《はんすう》し、理解に及ぶ所があれば、そのつど記録して解釈を加えた。このようなことを通して、学問とは自らが実際に体験してはじめて会得《えとく》できるものなのだということを知った。艱難辛苦のごときは、実際に自らが経験してこれを語るのでなければ、全くもって寝言と変わらない。

そもそも学問とは、『中庸』にいう「位に素《そ》す（聶双江は、いかなる境遇にあっても心の本体にもとづいて、これをあらかじめ養っておくことと解釈する）」によって会得《えとく》できるものである。それぞれが今いる位（境遇）は同じではない。しかし天から与えられたもの、つまり心の本体に素して、これを自らの身の上で習熟するならば（静坐によって心を養っておくことをいう）、周囲の変化に惑うということはなくなる。このようであれば、舜《しゅん》のように、屋根に上って下から火を放たれたり、井戸を掘っていて上から石を投げ込まれるといった災難に見舞われても、そこから逃れて床の上で琴を弾き、泰然自若としていられるのである。孔子は陳国で食糧が絶えるという苦難に遭い、弟子たちの中には窮まって怒りを発する者も多くいた。しかし孔子はこうした状況下においても絃歌《げんか》（礼楽による教化）を止めることはなかった。これは「素」というものが確立されていたからである。『易経』に言っているではないか。「履卦初九《りかしょきゅう》の爻辞《こうじ》に『素履《そり》、往けば咎《とが》なし』とあるのは、独り自らの願いを行うことである」と。ただ独り自らの願いを行うのみであって、外に対しては何も願うことがない。つまり、自身にもとづく願いというのは、求めれば必ず得られるものである。自身の外にある願いについては、それが得られるかは自身の力ではどうにもならない。〔思うようにならないからといって〕天を怨んだり人をとがめたりする必要はないのである。『易経』の言葉は、一時的に外面を装うことで打ち勝ち、強引に今の境遇を排除するという意味でない。『書経』にみられる「これ精これ一」「中《ちゅう》を執れ」の教えは、堯《ぎょう》・舜《しゅん》・禹《う》が位を譲る際に伝授した「素」である。仲尼《ちゅうじ》（孔子）は、この教えを継承して万世を教おうとした。子思子は、その祖父である孔子から受け継いだものを述べて明らかにし、「位に素す」の教えを書き残したのである。その趣旨は神妙で奥深いのである。

私はこれまでのべ二十年にわたって家居生活を送り、その間、一日も読書を欠かすことはなかったが、うまれながら暗愚な性質でとかく失念しやすいので、すべてを記憶しようとせず、もっぱらその大意を理解することにつとめた。この記録は、経伝を雑然と引用し、篇章は引き裂かれ、語意は混沌としている。牢獄での苦しい生活は一年にもわたり、困難な状況の中で自らが考察したことを書き記したのは、将来、賢明なる人物の批正を仰ぎ、これを機縁として御教授頂く機会を得たいと思ったからである。私は、老いぼれたからといって自らを見捨てることはしない。世の諸君子も、私が老いぼれているからといって、見捨てるようなことはしないでほしい。嘉靖二十七年（一五四八）十一月十五日、白水老農聶豹が書す。

（巻三「困弁録自序」）

余説

『困弁録』は、入牢中の証心の記録であり、聶双江の円熟した帰寂思想が網羅されており、双江の著作の中で最も重要なものの一つである。この書が著された経緯については解説（一・五　五十七歳〜六十四歳）で詳述したので、ここでは繰り返さないが、この序文で着目したいのは、『中庸』と『易経』の言葉を引用しつつ、いかなる困難な状況下にあっても、自らの心を養いつづけることの重要性を説いている点である。外界の変化は自らの力ではどうすることも出来ないが、自らの心を養うことだけは、どのような環境にあっても、どのような人物であっても可能である。今の状況から強引に脱却しようとする必要はなく、環境に身を任せて、ただ淡々と自らの心を養うだけであり、そうすれば自ずと道は開けてこよう。双江は自らの獄中体験を通して、この点をさらに深く確信したのである。

書き下し文

嘉靖丁未仲冬廿一日、予、逮《と》らえられ京師に至る。又た明日、*詔獄に下る。日び事を事とする所無く、惟だ面壁して心を観、並びに平生学びし所、此の時、此の地に於いて、資する所有りや否やを考するなり。故に凡そ詩書に載る所、旧《も》と嘗て諸《こ》れを管窺に得る者を毎《つね》に誦味して、及ぶ所あれば輒ち録して之を繹す。然して後に、学は必ず験して後に得る有るを知れり。艱難険阻の如きは、身に経歴する所にして之を談ずるに非ざれば、了了として皆な*寤語なり。

夫れ学は*素位を以て得たりと為す。位の値《あ》う所は同じからず。而るに其の天に得る所に素して之を己に習う者は、則ち変に或《まど》うこと有る無し。是の故に*縦火下石の難は方《はじ》めて解かれ、肰に琴ひきて自如たり。*絶糧の厄に、病みて且つ慍《いきどお》る者多きも、*絃歌輟《や》めず。素定まるが故なり。

易に云わずや、「*素履の往くは、独り願いを行うなり」と。惟だ独り其の願いを行いて外に願わず。則ち願いの我自りする者は、求めて得ざる無し。其の外に在る者は、本と得喪無ければ、又た何の*怨尤か之れ有らんや。仮りて以て之に勝つ所有りて、*強いて排遣《はいけん》するの謂いに非ざるなり。是の故に*精一執中は、堯・舜・禹の相い与《とも》に授受するの素なり。仲尼、*祖述して以て万世を教わんとす。子思子、其の祖に得る所の者を述べ、発して素位の訓を為す。厥《そ》の旨は微かなり。

予、病を以て林藪に廃して凡そ二十年、未だ嘗て一日も書を廃せざるも、徒らに性昏く健忘するを以て、故に甚だしく記すを求めず、惟だ取りて其の大意を領略して止む。是の録や、経伝を雑引して篇章は離析し、語意混淆たり。*淹恤《えんじゅう》すること歳時にして、聊《いささ》か以て憂患にて自ら考うるの意を紀《しる》すは、以て他日、*正を有道に取るを俟ち、是に縁りて以て受教の地と為さんとすればなり。予、老耄《ろうもう》を以て自ら棄てず、而らば世の君子、顧だ老耄を以て予を棄てんや。嘉靖戊申仲冬望、*白水老農聶豹書す。（巻三「困弁録自序」）

語釈 ○詔獄＝天子の勅詔を以て人を制すること。錦衣衛が取り扱う。○寤語＝寐語（寝言）の誤りか。九州大学所蔵『双江先生困弁録』（生田正庵写、崎門文庫）の頭注に「寤宜作寐」の書き入れがあるのを参照。現代語訳もこれに従った。○素位＝『中庸』第十四章に「君子は其の位に素して行ない、其の外を願わず。富貴に素しては富貴に行い、貧賤に素しては貧賤に行い、夷狄に素しては夷狄に行い、患難に素しては患難に行う。君子は入るとして自得せざること無し」

とある。聶双江の「素位」についての解釈は、『困弁録』弁素篇に整理されており、そこで双江は、「素とは、吾が性の固有する所に本づいて、予め己を養う者なり」と解釈している。○縦火下石の難…牀に琴して自如たり＝『孟子』万章上篇や『史記』五帝本紀にみえる話。瞽叟（舜の父）と象（舜の腹違いの弟）は舜を殺そうとし、屋根に上らせては下から火を放ったり、井戸を掘らせては上から土を投げ込んだりしたが、舜はなんとか危機を脱することが出来た。舜の殺害に成功したと思った象が、意気揚々と舜の宮殿に赴くと、なんと舜は床の上で悠然と琴を弾いていたという。なお、「石を下す」を『史記』は「土を下す」に作る。○絶糧の厄＝『論語』衛霊公篇に、「陳に在りて糧を絶つ。従者病みて能く興つ莫し。子路、慍りて見えて曰く、君子も亦た窮すること有るか、と。子曰く、君子固より窮す、小人は窮すれば斯ち濫る、と」とある。○弦歌＝礼楽による教化をさす。『論語』陽貨篇にもみえる。○素履の往くは独り願いを行うなり＝『易経』履卦初九の象伝の言葉。○怨尤＝『論語』憲問篇に「天を怨みず、人を尤めず」とあるのをふまえる。○強いて排遣する＝『論語集注』顔淵篇に、「君子は憂えず懼れず」に対する注として引用される晁説子の語にみえる表現。○精一執中＝『書経』大禹謨篇に「惟れ精、惟れ一、允に厥の中を執れ」とある。聶双江はここに自らが主張する帰寂思想の淵源をみる。次の『困弁録』弁中（1）を参照。○祖述＝『中庸』第三十章に「仲尼は尭舜を祖述し、文武を憲章す」とある。朱子の注に「祖述は、遠く其の道を宗とす。憲章は、近く其の法を守る」という。○淹恤＝長いあいだ他郷にいて心をいためる。○正を有道に取る＝『論語』学而篇にみえる言葉。○白水老農＝かつて郷里の江西永豊県の白水という地で、農耕をしながら生活をしていたことからこのように称した。宋儀望「双江聶公行状」に、「先生、始め双渓の里に居し双江山人と号す。其の後、躬ら白水の陽に耕し、凌空閣を献山に建て、飄然として出塵の想い有り。遂に白山老農と称す。…」とある。

『困弁録』弁中

○『困弁録』弁中（1）～「允《まこと》にその中《ちゅう》を執れ」に心学の淵源がある～

《経文》（前半は『論語』堯曰篇、後半は『書経』大禹謨篇からの引用）

古代の聖天子である堯《ぎょう》が舜《しゅん》に帝位を譲る際、次のように戒められた。「ああ、汝舜《なんじ》よ。天の命数《めいすう》（帝位につくべき順序）が汝の身にめぐってきた。帝位についたなら、しっかりとその中《ちゅう》を執り守っていきなさい（允《まこと》にその中《ちゅう》を執れ）。もし汝が中《ちゅう》の道を失って、天下の人々が困り苦しむようなことになれば、天が汝に与えたさいわいは、永遠に絶たれてしまうであろう」。舜《しゅん》が禹《う》に帝位を譲る時も、次のように命じて言われた。「人心《じんしん》は危うく、道心《どうしん》は微か《かす》（神妙）である。これ精《せい》に、これ一《いっ》に、しっかりとその中《ちゅう》を執り守っていきなさい（允にその中《ちゅう》を執れ）」。

《聶双江の解説》

これは堯から舜へ、舜から禹へと天命（帝位）が授受された際に伝えられた言葉である。万世における心学の淵源は、ここに始まるのではなかろうか。ここにいう「人心《じんしん》」「道心《どうしん》」とは、ともに動き出した心について言ったものである。『孟子《もうし》』にいう「惻隠《そくいん》の心（他人の不幸をあわれみいたむ心）」「羞悪《しゅうお》の心（悪を恥じにくむ心）」「辞譲《じじょう》の心（譲ってへり下る心）」「是非《ぜひ》の心（善悪を判断する心）」が、ここでいう「道心」に当たる。心は外物に反応してさまざまに動きまわるが、ひたすら「道心」の発動にしたがって、そこに人為《じんい》を雑《まじ》えることがなければ、これがここにいう「精」である。真実無雑であれば、これがここにいう「一」である。「中《ちゅう》」とは「道心」の本体である。王陽明先生は、『中庸』にいう「未発《みはつ》の中《ちゅう》（喜怒哀楽が発する前の中正な心の状態）」があってはじめて「発して節に中《あ》たるの和（発した心がぴたりと節度にかない和合している状態）」が生まれると言われた。ここでいう「和（心が和合している状態）」がつまり「道心」である。天理が状況に応じて様々に変化し、動き出した心が自然に節度にかなっている。二程子がいう「その動きは天に由来する」である。それゆえ「微《かす》か（神妙）」であるという。「人心」は、わずかに天理の自然な発動に従わないところがある。つまり二程子がいう「その動きは人に由来する」である。動きが人に由来するものであれば、これは妄念である。それゆえ「危うい」という。『孟子』の「今、人が、幼子がいまにも井戸に落ちようとしているのを見る」の一段を読めば、人心と道心の二心について概ね知ることができる。「中」の真意が伝わらなくなってから、「しっかりとその中《ちゅう》を執り守っていきなさい」という教えは正しく伝えられずに「義襲（外から強引に襲い取る）」の学となってしまった。〔孔子の孫の〕子思子は、人々が人心にとらわれて日に日に危い状態へと陥ってしまっていることを憂え、『中庸』を著述して孔子が継承した教えの淵源を明らかにしようとしたのである。学ぶ者が、これに依拠してその真意を明確につかみとるならば、二氏（仏教・老荘）・春秋の五覇・諸子百家の学については、おのずとその真偽が判明するであろう。「中《ちゅう》」とは真正真実の要所であり、「しっかりとその中《ちゅう》を執り守る」とは全ての工夫（修養努力）の帰着地である。（巻十四「困弁録」弁中）

余説　聶双江は、古代の聖天子である堯・舜・禹が帝位を譲る際に伝えたとされる言葉、「允にその中を執れ」に心学の淵源があるとする。その後、この「中」の真意が正しく伝わらなくなったために、孔子の孫の子思が『中庸』を著したという。そして『中庸』に説かれる「未発の中」こそが、まさに「中を執れ」の「中」に当たり、人がなすべき全ての工夫は、この「中」を執り守っていくだけであると説く。聶双江の著作『困弁録』の冒頭に収められている弁中篇には、この「中」に対する双江の見解が整理されており、双江の帰寂思想を知るうえで最も重要な部分であるといえる。弁中篇は、「允に其の中を執れ」の解説に始まり、以下、『中庸』の「未発の中」の解説へとつづく。

書き下し文

堯曰く、「咨《ああ》、爾《なんじ》舜。天の暦数は爾《なんじ》の躬《み》に在り。允《まこと》に其の中を執れ。四海困窮せば、天禄永く終えん」と。舜も亦た以て禹に命じて曰く、「人心は惟《こ》れ危うく、道心は惟《こ》れ微かなり。惟れ精、惟れ一、允《まこと》に厥《そ》の中を執れ」と。（前半は『論語』堯曰《ぎょうえつ》篇、後半は『書経』大禹謨《だいうぼ》篇）

此れ*堯舜禹の授命の詞《ことば》なり。万世心学の源、其れ此に肇《はじ》まるか。人心・道心、皆《とも》に其の発する所の者より之を言う。*惻隠《そくいん》の心、羞悪《しゅうお》の心、辞譲《じじょう》・是非《ぜひ》の心の如きは是れなり。感応流行、一《いつ》に道心の発に本づき、之に雑《まじ》うるに人為を以てせざるを精と曰う。真常にして雑えざるを一と曰う。中は是れ道心の本体。*未発の中有りて、便ち発して節《せつ》に中《あ》たるの和有り。和は即ち道心なり。天理流行して、自然に節《せつ》に中《あ》たり、動くに*天を以てす。故に微かと曰う。人心と云うは、只だ纖毫《せんごう》天理の自然な発出に従わず、便ち是れ動くに人を以てす。動くに*人を以てすれば便ち是れ妄、故に危ういと曰う。「*今、人乍《たちま》ち孺子の井に入らんとするを見る」の一段に、二心概ね見るべし。夫の中の義為《た》るの明らかならざるより、允《まこと》に執れの旨、流れて義襲*の学と為《な》る。子思子、人心の日に危うきを憂うるや、是に於いて中庸を作りて以て其の祖述*の原を明らかにす。学ぶ者、此の処に従いて体識し得て明瑩《めいえい》なるを須《ま》てば、則ち二氏・五覇*・百家の学、自ら断例有らん。中は是れ真正の主脳、允《まこと》に執れは是れ工夫の帰結処なり。（巻十四「困弁録」弁中）

語釈　○堯・舜・禹＝中国古代の伝説上の聖天子。堯から舜へ、舜から禹へと、天子の位が禅譲されたと伝えられる。禹は夏王朝の始祖とされる人物。　○惻隠の心、羞悪の心、辞譲・是非の心＝『孟子』公孫丑上篇の語。　○未発の中有りて、便ち発して節に中たるの和有り＝『伝習録』上巻にみられる王陽明の言葉で、聶双江が頻繁に引用する。『中庸』第一章の「喜怒哀楽の未だ発せざる、之を中と謂う。発して皆な節に中る、之を和と謂う」を踏まえたもので、次の『困弁録』弁中（2）も参照。　○動くに天を以てす／動くに人を以てす＝北宋の儒学者・程伊川の『易伝』无妄卦に「動くに天を以てすれば无妄、動くに人欲を以てすれば妄なり」とある。また、『程氏遺書』巻第十一・明道先生語一にも同様の発言がある。　○「今、人乍ち孺子の井に入らんとするを見る」の一段に二心概ね見るべし＝『孟子』公孫丑上にみえる話。幼子が今にも井戸に落ちようとしている状況を目にすれば、人間なら誰もが、ハッとしていたたまれなくなって（＝道心）、とっさに助けようとするものである。これは、助けることでその両親と近づきになろうとか、郷里の人々や友人たちから称賛してもらおうとか、助けなければ非難されるだろうといった打算（＝人心）が働いてのことではないと孟子は言う。聶双江は、この一段に、道心と人心の二心を見ることが出来ると言っている。　○義襲＝『孟子』公孫丑上に、「…是れ集義の生ずる所の者にして、義襲いて之を取るに非ざるなり」とある。聶双江は、已発の工夫がこれにあたるとする。未発の中を養うことをせず、すでに発動した心の上で工夫を施すこと。　○祖述＝先人の道・方法を継承し、それにならう。『中庸』第三十章に「仲尼は堯舜を祖述し、文武を憲章す」という。　○五覇＝春秋時代の覇者。仁ではなく力によって天下を治めた。斉の桓公、晋の文公、秦の穆公、宋の襄公、楚の荘公。

○『困弁録』弁中（2）～「未発の中」は天下の大根本～

《経文》（『中庸』第一章）

天が人に命じ与えたものを性（善なる本性）と言い、その性にしたがっていくことで生まれるものを道と言い、その道を修めることを教えと言う。道は一瞬たりとも人から離れるようなことはない。離れてしまうようなものは道ではない。だから君子は目で何も見ないうちに戒慎《かいしん》（いましめつつしむ）し、耳で何も聞かないうちに恐懼《きょうく》（おそれつつしむ）するのである。隠れているものほどかえって現れ、微かなものほどかえって顕《あき》らかになるものである。

だから君子はその「独《どく》」を慎むのである。心に喜怒哀楽がまだ発していない状態を中《ちゅう》という（＝未発《みはつ》の中《ちゅう》）。心に〔喜怒哀楽が〕発して節度にぴたりとかなっている状態を和という（＝已発《いはつ》の和）。中《ちゅう》とは天下の大根本である。和とは天下にあまねく実現すべき道である。中と和を実行しておし極めることで、天地宇宙が本来あるべきあり方に落ちつき、万物が健全な成育をとげるのである。（※現代訳は聶双江の解釈にもとづく）

《聶双江の解説》

この『中庸』の首章は、堯・舜・禹の間で授受された教え「これ精これ一」「中《ちゅう》を執り守れ」についての伝注である。わざわざ文章を著して訓釈を施さなくても、文脈は一貫しており、語意は明らかで尽くされている。『書経』に「上帝は衷《ちゅう》（＝中）を下々の民に降された」とあり、『春秋左氏伝《しゅんじゅうさしでん》』に「民は天地の中《ちゅう》を受けて生まれた」とある。中とは命《めい》（天が人に命じ与えたもの）であり、命《めい》とは性《せい》（善なる本性）である。その性の自然なはたらきにしたがうならば、心が動いても節度からはずれることはない。性とは道である。堯や舜はこの性と一体であった。この性が気質に縛られ物欲で蔽《おお》われると道は失われる。だから己を修めることでこの性に立ちかえるのである。こうして教えが確立される。道とは教えである。

殷の湯王《とうおう》や周の武王《ぶおう》は己を修めることでこの性に立ちかえった。「戒謹《かいきん》（戒慎）」「恐懼《きょうく》」とは、堯・舜・湯王・武王の「兢業《きょうぎょう》（いましめつつしむ）」「祇畏《しい》（おそれうやまう）」と同じである。「目で何も見ないうち」「耳で何も聞かないうち」とは「未発《みはつ》の中《ちゅう》（喜怒哀楽が発する前の中正な心の状態）」のことである。常に〔静坐によって〕この「未発の中」である心の本体を養うこと、これがつまり「戒謹（戒慎）」「恐懼」である。〔心本体のはたらきからかけ離れた耳目（＝五感）のはたらきを取り去って、〔心本来の〕虚円不測で神妙なはたらきを発揮するのである。見聞（＝五感）にとらわれてはならない。耳で聞くことはないので「隠」といい、目で見ることはないので「微」という。「隠」「微」であるがゆえに「独《どく》（独尊）」というのである。「隠れているものほどかえって現れ」、「微かなものほどかえって顕《あき》らかになる」という。「誠なるものは覆い尽くすことなどできない」のである。「独を慎む」とは「戒謹（戒慎）」「恐懼」のことで、他人が関与できるものではない。〔自らが取りくむべき工夫である。〕「密なるところに退蔵していて」、「鬼神《きしん》さえもその境を窺い知ることができないもの」、これが「独」である。「喜怒哀楽がまだ発していない心の状態を中《ちゅう》（中正）という。発してぴたりと節度にかなっている状態を和と言う」とある。〔ここにいう喜怒哀楽が発する前の中《ちゅう》の状態、つまり未発《みはつ》の中《ちゅう》とは〕「ひっそりと静まりかえって微動だにせず」、「万物がことごとくそこに備わっており」、「天の性」というべきものである。だからここでは、「中《ちゅう》とは天下の大根本である」と言っているのである。「命《めい》」とはこの「未発の中」によって確立し、「道」とはこの「未発の中」よって生み出される。「未発の中」は千変万化の源《みなもと》である。「外物に感応すると天下のあらゆる事に通じる」「自然に節度にかなう」とは、天地の間に満ちる真気や天地万物の根源の気が、あまねくゆきわたるようなものである。だから、「和とは天下にあまねく実現すべき道である」と言うのである。人の情にもとづいて、思議（至妙の境）にわたることがなく、「凡庸な夫婦であっても、知ることが出来、行うことが出来きる」、「性の欲」というべきものである。天地宇宙が本来のあるべきあり方に落ち着き、万物が健全な成長をとげるという。『易経』に、「堯・舜は衣裳をつけてじっとしているだけで天下がよく治まった」とある。一身における体験から、天下国家を治めるに至るまで、全てにおいて当てはまらないことはない。三聖（堯・舜・禹）の間で授受されたのは、この一つの道だけあった。それゆえ子思子は言う。「道学の伝が失われてしまったのを憂えて『中庸』を作ったのである」と。（巻十四「困弁録」弁中）

余説　「天の命ずるを之れ性と謂う。…」にはじまるこの『中庸』の首章は、中国の儒学思想において、とりわけ宋代以降の儒学において極めて重要な一節であった。南宋の朱子は、ここでいう「未発の中」が「性」であり本体、「已発の和」が正常な「情」であり作用と考え、「未発／已発」「性／情」「本体／作用」の議論を展開したが、朱子以降もこれらの用語は哲学上の重要な問題として大いに議論されることになる。

聶双江もこの『中庸』の首章を大いに重視し、これにもとづいて帰寂思想を展開する。『中庸』の首章を、前節でとりあげた「これ精これ一」「中を執れ」(『書経』大禹謨篇)の伝注であるとし、ここにいう「未発の中」を天下の大根本とし、「未発の中」を養うことを唯一の工夫であるとした。「未発の中」を養うとは、具体的には静坐によって心を徹底して静め、体内の気を充実させることである。このような工夫を日々の生活の中にとり入れて自らの主体を確立すれば、その後、いかなる状況に接しても、滞りなく自在に対応できるというものである。そしてこの「中」の教えこそが、堯・舜・禹・孔子・子思子と伝えられた真の道統であると考えたのである。

書き下し文　天の命ずるを之れ性と謂い、性に率《したが》うを之れ道と謂い、道を修むるを之れ教えと謂う。道なる者は、須臾《しゅゆ》も離るべからざるなり。離るべきは道に非ざるなり。是の故に君子は其の睹《み》ざる所に戒慎《かいしん》し、其の聞かざる所に恐懼《きょうく》す。隠れたるより見《あら》わるるは莫く、微かなるより顕《あき》らかなるは莫し。故に君子は其の独を慎むなり。喜怒哀楽の未だ発せざる、之を中《ちゅう》と謂う。発して皆な節に中《あ》たる、之を和と謂う。中《ちゅう》なる者は天下の大本なり。和なる者は天下の達道なり。中

和を致して、天地位し、万物育す。(『中庸』第一章)

『中庸』の首章は、是れ精一執中の伝註なり。必ずしも更に一字を著わして訓を為さずとも、血脈貫通し、語意は精《くわ》しく備わる。夫れ「*上帝、衷《ちゅう》を下民に降し」、「*民、天地の中を受けて以て生まる」、中は即ち命、命は即ち性なり。其の性の自然に率《したが》えば、発して中《あ》たらざる無し。性は即ち道なり。*堯舜は之を性とするなり。気に拘《と》らわれ物に蔽《おお》わるれば、道に失う所有り。修めて之に復り、而る後に教え焉《ここ》に立つ。道は即ち教えなり。湯武は之に反るなり。「戒謹恐懼」は、堯舜湯武の「*兢業」「*祇畏」是れなり。「*睹《み》ざる聞かざる」は、便ち是れ「未発の中」なり。常に此の体を存す、便ち是れ戒懼。*耳目支離の用を去り、虚円不測の神を全うす。睹聞、何ぞ有らんや。「聞かざる」を「隠」と曰い、「睹ざる」を「微」と曰い、「隠」「微」を「独」と曰う。「見《あら》わるる莫し」「顕《あき》らかなるは莫し」とは、*誠の掩《おお》うべからざるなり。「慎独」と云う者、「戒謹恐懼」を言う。他人の能く与《あずか》る所に非ざるなり。「*密に退蔵す」「鬼神、其の際を窺う莫し」、是れ「独」なり。「喜怒哀楽の未だ発せざる、之を中と謂う。発して皆な節に中《あ》たる、之を和と謂う」。「*寂然不動」「*万物皆な備わる」は「*天の性」なり。故に曰く、「中なる者は、天下の大本なり」と。命は此《これ》に由りて立つ、道は此《これ》に由りて出づ、万化の原なり。「*感じて遂に通ず」「自然に節に中たる」は、猶お*太和*元気の流行するがごとし。故に曰く、「和なる者は、天下の達道なり」と。之を人情に本づき、思議に渉《わた》らず、而して「*夫婦の愚不肖も、以て与《あずか》り知り能く行うべし」、「*性の欲」なり。「天地位し、万物育す」。「*堯舜、衣裳を垂れて天下治まる」。一身にて之を験するより、以て天下国家に至るまで然らざるなし。三聖相い授守するは一道なり。故に曰く、「*子思子、道学の其の伝を失うを憂えて作る」と。（巻十四「困弁録」弁中）

語釈 ○上帝衷を下民に降し＝『書経』湯誥篇の語。ふつう衷は善と注釈されるが、聶双江はこの衷を、「中を執れ」「未発の中」の「中」と解釈する。○民天地の中を受けて以て生まる＝「天地の中」は天地間の中正の気。『春秋左氏伝』成公・伝十三年にみえる語。○堯舜は之を性とす／湯武は之に反る＝『孟子』尽心上篇および尽心下篇にみえる語。○兢業＝『書経』皐陶謨篇に、皐陶が禹に対して述べた言葉の中に「兢兢業業」とある。○祇畏＝『書経』金縢篇に、周公の言葉としてみられる。○「睹ざる聞かざる」は便ち是れ「未発の中」なり＝「復古書院記」（『聶豹集』巻五）では程明道の言葉とする。○耳目支離の用を去り、虚円不測を全うす＝陳白沙の語。『陳献章集』巻一「道学伝序」。○誠の掩うべからざるなり＝『中庸』第十六章の語。○密に退蔵す＝『易経』繋辞上伝の語。○寂然不動／感じて遂に通ず＝『易経』繋辞上伝に「寂然不動、感じて遂に天下の故に通ず」とある。○万物皆な備わる＝『孟子』尽心上篇の語。○天の性／性の欲＝『礼記』楽記篇の語。○太和＝天地の間に満ちる真気。『易経』乾卦彖伝に「大和を保合す」とある。○元気＝天地が分かれる前の混沌の気。万物の根源の気。○夫婦の愚不肖も以て与り知り能く行うべし＝『中庸』第十二章の「夫婦の愚も以て与り知るべし。…夫婦の不肖も以て能く行うべし。…」をふまえる。○堯舜、衣裳を垂れて天下治まる＝『易経』

繋辞下伝の語。　○子思子、道学の其の伝を失うを憂えて作る＝『中庸章句』序の朱子の言葉。

○『困弁録』弁中（3）～朱子の言葉Ⅰ～

（以下、朱子の三つの著作から引用し、自らの帰寂思想が朱子の「悟後の定論」と一致すると説く。）

楊亀山《ようきざん》先生が道を東南に伝えると、多くの者がこれに従った。しかし、心思を尽くして実践に努め、重責をになって究極に達した者といえば、ただ羅仲素《らちゅうそ》（羅豫章）一人だけであった。李延平《りえんぺい》先生は、この羅仲素に学び、講論以外の時間はひたすら静坐して、喜怒哀楽が発する前の心とはいかなる気象《きしょう》（こころもち）なのかを体認し、「中《ちゅう》」（未発《みはつ》の中《ちゅう》）というものを追求した。このようなことを長く続けることで、天下の根本がまさしくこの未発の中にあるということを益々確信したのである。……こうして『孟子』にいう「とり守れば存する」の工夫はますます堅固となり、心を涵養する工夫はますます円熟し、いかなる状況にも滞りなく対応し、自然に節度にかなうようになったのである。（『朱子文集』巻九十七「延平先生李公行状」／巻十四「困弁録」弁中）

余説 この一段は、朱子が三十五歳の時に著した「李延平行状」からの引用である。朱子がはじめて李延平を訪ねて教えを受けたのは二十四歳の時で、その後、延平の死に至るまでの十年間、直接または間接に指導を受けている。李延平が朱子に教えたのは、徹底して静坐を実践することで心の天理を体認すること、つまり、「未発の中」の気象を体認することであった。この静の思想は、二程子（程明道・程伊川）の高弟である楊亀山から羅豫章へ、羅豫章から李延平へと伝えられたものである。前節で確認したように聶双江は、自らの帰寂思想の淵源を堯・舜・禹・孔子・子思にみるが、それを継承するものとして、北宋の二程の高弟である楊亀山が伝えた静の思想にみてとり、それが朱子に継承されたとする。以下、三段にわたって双江は、この朱子の言葉を引用することで、自らが信じる帰寂思想が朱子のいわゆる定論と同じであることを強調する。

書き下し文 *亀山先生、道を東南に唱うれば、之に従い遊ぶ者、甚だ衆《おお》し。其の精思力践し、重きを任い極に詣《いた》るものを語れば、惟だ*羅仲素一人のみ。*先生、講論の暇に危坐すること終日、以て夫の喜怒哀楽未発の前、何《いか》なる気象を作《な》すかを体して、所謂《いわゆ》る中なる者を求む。是《か》くの若《ごと》きこと久しうして、益ます夫《か》の天下の本の真《まこと》に是《ここ》に在る有るを知る。……是《これ》に由りて*操存すること益ます固く、涵養すること益ます熟し、触処洞然、自然に節《せつ》に中《あ》たる。（巻十四「困弁録」弁中）

語釈 ○亀山先生、道を東南に唱うれば＝北宋の儒学者・楊亀山が二程子に学び、その後帰郷して華中・華南の地にその学問を広めたことをいう。楊亀山が帰郷する時、程明道が「わが道、南す」と言った話は有名。『程氏外書』巻十二「亀山語録」に、「…帰るに及び、之を送って門を出て、坐客に謂いて曰く、吾が道、南す、と」とある。楊亀山は、名は時、字は中立、号は亀山、程門の四先生の一人。 ○羅仲素＝北宋の儒学者。名は従彦、字は仲素、号は豫章。楊亀山に師事し、門下随一と言われた。その学は、李延平、朱子へと伝えられた。 ○先生＝李延平のこと。南宋の儒学者。名は侗、字は愿中、号は延平。福建省南剣州の人。羅豫章に師事し、その学を朱子に伝えた。右の余説を参照。 ○操存＝『孟子』告子上篇に孔子の語として、「操れば則ち存し、舎つれば則ち亡う」とある。

○『困弁録』弁中（4）～朱子の言葉Ⅱ～

李延平先生の門下では人に教える際、たいてい静かな環境の中で、喜怒哀楽が発する前の中正な心の状態（＝未発の中）がいかなる気象《きしょう》（こころもち）であるのかを体認させ、そうすることで、事物に対処するにあたって自然に節度にかなうように導いたのである。これこそが楊亀山門下相伝の要訣《ようけつ》である。当時、李先生に親炙《しんしゃ》していた際、講義を熱心に拝聴したものの、一方でひそかに章句訓詁《しょうくくんこ》の学にも惹《ひ》かれ、中途半端で地に足のつかない学びとなってしまい、この要訣《ようけつ》のところに心を尽くすことが出来なかった。結局のところ、少しも真実のところを悟得《ごとく》するに至らず、教育の恩に背くことになったのである。このことを思い出すたびに、汗が流れて衣服がびっしょりと濡れてしまうのである。（『朱子文集』巻四十「答何叔景」第二書／巻十四「困弁録」弁中）

余説 この一段は、朱子の書簡「答何叔景」第二書からの引用である。陳来・束景南の両氏は、朱子が三十七歳の時のものとする（『朱子書信編年考証』／『朱熹年譜長編』）。かつて李延平から静の思想を学んだものの、当時は章句訓詁の学にも惹かれ、真剣に向き合おうとしなかったことへの朱子の後悔が告白されている。ただこのように後悔したからといって、すぐに李延平の教えに回帰したわけではなかった。その後、湖南学派《こなんがくは》の張南軒《ちょうなんけん》と懇意となり、その察識端倪説《さつしきたんげいせつ》に傾倒していくこととなる。察識端倪説とは、心が外物と接触して動き出したところ（＝端倪）を省察（＝察識）して、善念であれば拡充し、悪念であれば修正を施すというものであった。李延平は、静坐を通して「未発」の心を養うことを説いたが、それは静の哲学ともいうべきものであった。それに対して張南軒は、すでに動き出した心、つまり「已発」の心に工夫を加えるもので、動の哲学ともいうべきものであった。朱子が三十八歳の時に長沙の張南軒を訪ね、二か月にわたって起居を共にした頃が、最もその説に傾倒した時期である。その後、四十歳の時に、その説の不十分さに気づき、李延平と張南軒の両者の教えを統合止揚《しよう》して、いわゆる定論を確立することになるのである。

書き下し文 李*先生の門下、人に教ゆるに、大抵、静中において、以て夫の喜怒哀楽未発の中、未発は何《いか》なる気象を作《な》すかを体し、則ち事に処し物に応じて、自然に節に中《あ》たらしむ。此れは是れ亀山門下相伝の指訣なり。当時親*炙の時、講論を貪聴するも、又た方に窃かに章*句訓詁の習を好み、以て存*するが若《ごと》く亡きが若《ごと》くに至り、心を此《ここ》に尽くすを得ず。畢竟、一の的実の見処無く、教育の恩に辜*負《こふ》す。一念の及ぶ毎《ごと》に、未だ嘗て流汗して衣を沾《うるお》さずんばあらず。（巻十四「困弁録」弁中）

語釈 ○李先生＝李延平。『困弁録』弁中（3）の余説・語釈を参照。○親炙＝ある人に親しく接して感化を受けること。○章句訓詁＝字句の解釈ばかりに拘泥して大義に通じないこと。訓詁注釈の学。○存するが若く亡きが若く＝半ば理解し、半ば理解していない。『老子』第四十一章にみえる表現。○辜負＝そむく。

○『困弁録』弁中（5）〜朱子の言葉Ⅲ〜

二程子は、「未発《みはつ》の中《ちゅう》とは、心本来の自然のままの状態である。敬《けい》して（心を引き締めて）

この未発の中を保持し、この気象《きしょう》（こころもち）を常に存して失うことがなければ、この状態の心から発せられる思いは、自然に節度にかなうであろう」と言っている。これこそが日常における根本の工夫である。その一方で、湖南学派《こなんがくは》の人々が「かえって已発《いはつ》のところにおいてこれを観察する」と言っているのは、心が動き出したところ（端倪《たんげい》）を省察し、それを拡充していく工夫のことである。ただ、いったん節度から外れてしまえば、心において道はほとんど失われてしまう。だから二程子はつねに「敬して（心を引き締めて）失ってはならない」と言っていたのである。敬して失うことがなければ、これが「中《ちゅう》」の状態である。さらに二程子は、「ひとまず、敬をいうだけでよい」ともいう。敬を実践できれば、自然にこのことがわかるだろう。そもそも事について言えば動静の二時があるが、心について言えば、あらゆる状況に対処して滞りなく変化しながらも、終始間断することなく常に静を主体としている。これまでの考究思索は、もっぱら心を已発、つまり、すでに動き出したところにみるばかりであった。そして、『大学』にいう「致知」「格物」についても、ただ、心が動き出したところ（端倪）を省察（察識）することが、真っ先に行うべき工夫であると考えていた。こうして日頃から〔静坐によって〕心を養うという未発の工夫が欠落し、常に胸中は乱れて落ち着きがなく、深淵で澄み切った心境にはなかった。このような状態で言葉を発し物事に対応しても、心はざわつき浮《うわ》ついたままで、聖賢の重厚で温容な気象《きしょう》（たたずまい）など望むべくもなかった。誤った認識によって、弊害がこれほどまでに至ってしまうのであるから、この点を明確にしておく必要があるのである。（『朱子文集』巻六十七「已発未発説」／巻六十四「与湖南諸公論中和一書」／巻十四「困弁録」弁中）

余説 この一段は、朱子の「已発未発説」（『朱子文集』巻六十七所収）からの引用で、「中和定説」とも呼ばれる。朱子が湖南学派の張南軒が説く已発主義（察識端倪説）から脱却し、いわゆる定論を確立した四十歳の時に記されたもので、非常に重要な著作である。ここで朱子は、張南軒の動時における已発の工夫（＝察識端倪）だけでは不十分であることに気づき、静時に心を養うという未発の工夫を行っておくことで、外物と接触した際に心が正しく発動すると確信に至る。つまり未発の工夫が主となるべきであって、その上で已発の工夫が容易になり精度が益すというものであった。そしてこの動静の工夫を貫くものとして、程伊川が説いた「敬」の工夫を持ち出してくる。朱子の工夫論は、敬（居敬）と窮理を両輪とするが、その敬の工夫はさらに、静時における未発の工夫と、動時における已発の工夫とに分けられる。ただ、前者が主で後者が従とはされるものの、後者の已発の工夫を完全に捨て去るものではなかった。ここが聶双江と異なる所である。双江はここで朱子の言葉を引用し、自らの思想が朱子の「悟後の定論」と一致すると主張しているが、実際には、朱子の説の全てに理解をしめしたわけではなく、朱子の「敬」の工夫、なかでも静時における未発の工夫（未発の存養）のみに理解

をしめしたにすぎなかった。（聶双江と朱子学の関係については「解説」の「一・六　聶双江と朱子学」を参照）

書き下し文

「*未発の中は、本体の自然なり。敬して以て之を持し、此の気象をして常に存して失わざらしめば、則ち此れ自《よ》りして発する者は、自然に節に中《あ》たらん」。此れは是れ日用本領の工夫。其の「却って已発の処に於いて之を観ん」と曰う者、其の*端倪の動を察し、以て夫の拡充の功を致す所以なり。一たび中《あ》たらざること有れば、則ち心の道為《た》る、或いは息《や》むに幾《ちか》からん。故に程子、毎《つね》に「敬して失う無し」を以て言と為す。*敬して失うこと無ければ、便ち是れ「中」なり。又た「*且《しばら》く只だ敬を道《い》うに如《し》かず」と曰う。能く敬すれば則ち自ら此《これ》を知るなり。夫れ事を以て之を言えば、動静の殊有りと雖も、心を以て之を言えば、則ち周流貫徹し、初めより間断無く、而して常に夫の静を主とす。向来の講究思索、直ちに心を以て已発と為して、論ずる所の*致知格物も、亦た止《た》だ端倪を察識するを以て初めて手を下す処と為すのみ。故を以て平日涵養一段の工夫を闕却《けっきゃく》し、常に胸中擾擾《じょうじょう》を覚え、深潜純一の味無し。而して其の之を言語事為の間に発するも、亦た多だ急躁浮露して、聖賢の渾厚雍容の気象無し。所見の差、其の病、一に此《ここ》に至れば、以て審《つまび》らかにせざる可からざるなり。（巻十四「困弁録」弁中）

語釈

○未発の中は、本体の自然なり。敬して以て之を持し、此の気象をして常に存して失わざらしめば、則ち此よりして発する者は、自然に節に中たらん＝「答欧陽南野太史」第一書（巻八／本文の「欧陽南野への書簡（1）」）にも引用されるが、そこでは二程子の発言であるとされる。○端倪の動を察し／端倪を察識する／拡充の功＝胡五峰・張南軒ら湖南学派が説く察識端倪説のこと。人に本来備わる天理は、心が外物に触れて発動するその瞬間に姿を現すので、その天理の発現のはじめのところ（＝端倪）をはっきりと認識して（＝察識）、失わないように保持し、これを存養して拡充していくべきだとする説。「端倪」は、微かな初めの意で、『荘子』大宗師編にみえる語。「拡充」は、『孟子』に「凡そ四端有る者は、皆な拡めて之を充たすことを知らん。…」とある。　○敬して失うこと無ければ＝『程氏遺書』巻第二上に「敬して失うこと無ければ、便ち是れ『喜怒哀楽未だ発せざるを之れ中と謂う』なり。敬は之を中と謂う可からず。但だ敬して失う無きは、即ち中たる所以なり」とある。　○且く只だ敬を道う＝『程氏遺書』巻第二上にみえる表現。　○致知格物＝『大学』経第一章の語。朱子学の工夫論における最も重要な所。

○『困弁録』弁中（6）～静中体認・平日涵養～

以上の三段は、まさしく朱子の語録中にみられる悟後《ごご》の定論である。考えてみれば、〔堯・舜・禹の間で授受された〕「これ精これ一」「中を執り守れ」という教えは、〔その後長い時を経て〕

周濂渓から二程子へと授けられたが、これこそがまさにわが儒家の教えである。しかし三、四伝もしない内に、この朱子の真意は次第に伝わらなくなり、張横渠がいう「天地のために心を確立する」という教えはほとんど絶え果て、「生民のために命を確立する」という教えは日々廃れていった。このような状態で、どうして太平の世の出現を期待できるというのか。

楊亀山一派は、常に「静中体認《せいちゅうたいにん》」（静坐によって未発の中を体認すること）を説き、さらに、「平日涵養《へいじつかんよう》」（つね日頃から心を養い育てること）を説いた。この四字の言葉のみに、わが儒家が真に実践すべき工夫を見るのである。考亭（朱子）の後悔は、この心を誤認して已発《いはつ》（すでに発動したもの）とみなしてしまったことにあり、このことは〔以上のように〕はっきりと包み隠さず証言されている。それなのに近年はこの点をなおざりにし、また三先生（楊亀山・羅豫章・李延平）の言葉の真意を究めることもなく、考亭の学に無実の罪をきせて俗学とみなすに至っている。真実を見定めることを知らないというほかない。（巻十四「困弁録」弁中）

余説　ここで聶双江は、先に掲げた三つの朱子の言葉を総括する。双江は、自らの帰寂思想の淵源が、堯・舜・禹の間で授受されたという教え「允にその中を執れ」にあるとし、その後、その「中」の思想は、孔子→子思→周濂渓→二程子（程明道・程伊川）→楊亀山→羅豫象→李延平→朱子と継承されてきたと考える。朱子が、湖南学派が主張する已発説（察識端倪説）の誤りに気づいて未発説へと転じたというのに、この朱子の改心をなおざりにして、朱子に無実の罪をきせて批判していると双江はいう。これはすなわち、陽明門下の高弟らが、王陽明の教えを已発説としてとらえてしまっていることへの批判である。張南軒らの湖南学派と陽明門下の高弟たちを同一視しているのである。

ただここで細かい指摘をするならば、双江が以上の三段の朱子の言葉を「悟後の定論」と述べている点は正確ではない。朱子がいわゆる定論を確立したのは四十歳の時とされるが、先に述べたように、①「延平先生李公行状」は三十五歳、②「答何叔景」は三十七歳（陳来・東景南氏の推定）の時のものであり、③「已発未発説」だけが定論確立の四十歳の時に記されたものである。双江が朱子の「悟後の定論」としてしまったのは、②「答何叔景」が、王陽明の「朱子晩年定論」（第二十二封）に引かれていることに影響されてのことであろう。

書き下し文

以上の三段は、是れ朱子語録中の悟後の定論なり。看来たれば、「精一執中」の学、周程の授受、渾《すべ》て只だ是れ此の家法。三、四伝せずして、此の意寝《ようや》く微かにして、天地の心或いは息《や》むに幾《ちか》くして、生民の命、日に以て蹙《せま》る。尚お何を以て太平の端を望まんや。

亀山一派、毎《つね》に静中体認を言い、又た平日涵養を言う。只だ此の四字のみ、便ち吾が儒の真に手を下す処を見る。考亭*の悔は、此の心を誤認して已発と作《な》すを以てす。此れ尤も明白直指。而るに近世忽略にし、復た三先生の語意を究めず、考亭を誣《し》いて俗学と為すに至る。量るを知らずと

謂う可きなり。（巻十四「困弁録」弁中）

語釈 ○天地之心／生民之命／太平之端＝張横渠の言葉「天地の為に心を立て、生民の為に命を立て、往聖の為に絶学を継ぎ、万世の為に太平を開く」（『張載集』張子語録・語録中／『近思録』為学大要篇・第九十五条）とあるのを踏まえる。○考亭＝朱子のこと。朱子が住んでいた福建省建陽県の地名による。

王龍渓への書簡

○王龍渓への書簡（1）～良知現成論への反論～

宋望之《そうぼうし》（聶双江の門人）がやってきてお手紙を拝受しました。甚だ感謝に堪えません。ご厚意を賜り、曲りなりにも寂体《じゃくたい》（虚寂の本体）の説を取り入れておりますが、これこそが陽明先生門下の最重要教義であるといえます。憚《はばか》りながらも思いますに、虚・寂とは『易経』に見られる語で、外物との感応をつかさどる心の本体を人々に明示して、学ぶ者に従事すべき所を教えています。そもそも、堯から舜へと道が伝えられて以来、ただこの教義（寂体の説）があるのみです。この教義にもとづいて寂体を明らかにするならば、天下におけるあらゆる用《はたらき》は、我が心に備わっていると言えます。それなのに、どうしてわざわざ念慮の上で工夫を行おうとするのでしょうか。外物との感応によって発した念慮の上で工夫を行えば、「憧憧《どうどう》（落ち着かなないさま）」の私念にとらわれてしまいます。『易経』に「憧憧として往来するは、未だ光大ならざるなり。（心が定まらず常に動きまわっていれば、広大なはたらきは期待できない）」とあります。知識を良知とみなして漫然と外物に反応しているだけの者と症状は同じではないものの、ともに本源を見失い、心の本体に立ち帰るための竅《つぼ》を知らないという点では同じです。まさにお手紙でおっしゃる通りなのです。そうであるならば、心の本体に立ち帰るための竅《つぼ》を知ろうと思うならば、帰寂《きじゃく》（静坐によって虚寂の本体に立ち帰ること）をおいて他に方法があるでしょうか。お手紙ではさらに、「良知は本《も》と寂なり（良知とは本来虚寂である）」とおっしゃいます。誠にその通りです。誠にその通りです。これは陽明先生のお言葉でないでしょうか。陽明先生は、「良知は未発の中であり寂然大公（ひっそりと静まりかえって私意偏奇がない）の本体である」とおっしゃいましたが、これは、天が人々に付与して間もない状態の心（つまり純粋無垢な心）について言っているのでしょうか。それとも現在の心（すでに汚染されてしまった心）について言っているのでしょうか。もし現在の心について言っているのであれば、すでに気質に拘束され物欲におおわれてしまっていて、本来の純粋無垢な自分ではなくなっているはずです。これを塵や錆でおおわれた鏡に例えてみますと、鏡の本体は常に虚明でない時はありません。ただ、磨き清めるという作業に努めなければ、塵や錆でおおわれた状態のままで像が映し出されます。〔あなたの説で言えば〕そのような状態の像を、本来の澄んだ鏡本体から映し出された像とみなしていることになります。世の中にはたしかに「賊をわが子と見あやまる」者がいるものですが、まさにこの類に当たります。またあなたは次のようにもおっしゃいます。「『良知は本《もと》と寂（良知とは本来虚寂である）』ということを悟らず、知覚（＝已発。すでに発した心）の外に別に寂然の本体（＝未発。ひっそりと静まりかえった心の本体）を求めるならば、鏡を裏返して物を映そうとする誤りから免れ得ない。その差はほんのわずかのようで、結果としてその誤りは千里もの差に広がってしまうのであるから、きちんと弁別しておく必要がある」と。私もこの鏡のたとえについては、曲がりなりにも考えてみたことがあります。それはつまりこのようなことです。虚明とは鏡の本体です。鏡に映る像とは、虚明の本体から発したものです。知覚とは、鏡が映し出す像のようなものです。知覚を通して虚寂の本体を求めるというのならば、それは、鏡が映し出す像を通して虚明を求めることと何ら変わりません。私の説について、鏡を裏返して物を映そうとするようなものだと言われるのは間違っています。『孟子』にいう「孩提《がいてい》の愛敬《あいけい》（幼児が教えられなくても自然に親を愛し兄を敬うこと）」「平旦の好悪（明け方の清々しい気分のもとで下す好悪の判断）」について考えてみて下さい。心の自然な状態で物事を明察して、心に一念も生じることがなければ、心は確かに寂《しずか》であると言えます。しかしこれを虚寂の本体とまで言ってしまえば、問題があります。今、寂《しずけさ》を幼児や夜気（夜明け方の清明な気分）のような汚染される前の原初状態に求めずに、すでに発した愛敬や好悪の念の上で（表面だけを）寂《しずか》にし、これこそが（本当の）寂《しずけさ》であるかのように言う。これは果たして正しいのでしょうか。そもそも、「幼児が親を愛し兄を敬う」とは、汚染される前の純粋な心がそうさせるのです。「平旦の好悪」は、夜気の虚明がそうさせるのです。ですから、「夜気が日中に損なわれた心を回復させることが出来なければ、禽獣とそれほど変わらなくなってしまう」ことになります。大人《たいじん》（聖人）は、天地と並び立ち、天地の化育を助けると言われますが、これはひとえに、その「赤子《せきし》の心」（赤子の時のような純粋な心）を喪失しなかったからにほかなりません。ここが学問の要であり、何を養わなければならないのかをしっかりと理解するならば、結果は自ずとついてきましょう。知覚（すでに発した心）を良知とみなすことは、土を投げつけられた狂犬がその投げつけた相手ではなく、その相手の声や土塊を追

いかけまわすようなものです。いかがでしょうか。（巻八「寄王龍渓」第二書）

余説　王龍渓（一四九八〜一五八三）は、名は畿、字は汝中、号は龍渓、浙江省紹興府山陰県の人。王門現成派〔左派〕の代表人物。王陽明の高弟の一人で、陽明晩年の思想をよく引き継ぎ、生涯のほとんどを講学活動にささげ、良知学の流布につとめた。その学は、良知は修養工夫によってはじめて完全になるのではなく、現在においてすでに完全成就しており、まずそれを信じ切ることを大前提とする良知現成論を主張した。また陽明思想の「無」の側面を強調して、いわゆる「四無説」を説いた。これらは陽明学の最奥義ともいえる所であるが、安易に伝えられて、一切の修養工夫を必要ないものとしてとらえる者が後を絶たなかった。実際の王龍渓の主張は、心の完全性を信じ切って一切の思念を解き放ち、今現在の自分（良知）に全てをゆだね切ることができれば、あとは一切の工夫を必要とすることなく、心の完全性を発揮できるというものであった。ただ、ふつう人は本当の意味で自己を信じることなどできないから、そのための努力、試行錯誤が必要となってくる。その意味での工夫は、龍渓においても当然必要なものであったわけであるが、この点がなかなか理解されることはなかった。

この書簡は聶双江の王龍渓への返書であるが、両者は、「良知は本と寂なり」という本体論では一致している。ただそれを実現するための工夫論（修養論）が大きく異なっており、その本体論にしても「良知は本と虚なり」という点では一致しているものの、その虚寂なる良知の本体について、双江は天が付与して間もない状態の心のことと解釈するのに対し、龍渓は現在の心こそがまさにそうであるとし（＝良知現成論）、両者の主張は全くかみ合うことはなかった。双江は、現在の心はすでに汚染されてしまっていて、これを良知の本体とみなすわけにいかず、地道な工夫（つまり静坐）によって本来の良知をとり戻す必要があると主張した。

書き下し文

*宋望之到り、書教を奉ず。甚だ*感慰す。*不鄙《ふひ》を承け、謬《あやま》りて寂体の説に取る有り。是れを謂いて師門の*第一義と為す。窃かに謂《おも》えらく、*虚寂は乃ち大易にありて、感応の体を提出して以て人に示し、学ぶ者をして従事する所を知らしむ、と。蓋し、堯舜相い伝えて以来、只だ此の義有るのみ。此の義に即して之を精にすれば、則ち天下の用、我に備わる。尚お何ぞ*思慮を以て為さんや。感応するに思慮を以て為さば、則ち*憧憧の私に入る。易に「*憧憧として往来すとは、未だ光大ならざるなり」と曰う。其の*知識を以て良知と為して漫然と感に応ずる者と、症候は同じからざるも、均しく本原《ほんげん》を迷失して、以て帰復の竅を語るに足らずと為す。誠に来諭に云云するが如き有るなり。然らば則ち帰復の竅を求めんと欲すれば、帰寂を舎《お》いて、其れ何を以てせんや。来諭又た謂う、「良知は本と寂なり」と。誠に然り、誠に然り。此れ先師の言に非ずや。師云う、「*良知は是れ未発の中、寂然大公の本体」と。但だ知らず、是れ其の賦畀《ふひ》の初めの者を指して之を言うか。亦た其の見在《げんざい》の者を以て之を言うか。如《も》し其の見在の者を以て之を言えば、則ち*気に拘《と》らわれ物に蔽われしの後にして、吾は*故《もと》の吾に非ざるなり。之を昏蝕の鏡に譬うれば、虚明の体、未だ嘗て在らずんばあらず。然るに磨盪《まとう》の功、未だ加えずして、遽《にわ》かに昏蝕の照を以て精

明の体の発する所と為す。世に固より賊*を認めて子と作《な》す者有り。此の類は是れなり。又た云う、「若《も》し良知本《もと》と寂なるを悟らずして、知覚の外に於いて別に寂然の体を求むれば、未だ鑑*を反《かえ》して照を索《もと》むるの病有るを免れず。其の差は毫釐《ごうり》なるも、其の失は乃ち千里に至れば、以て辨ぜざる可からざるなり」と。僕、此れ等の処に於いて、亦た嘗て毫釐《ごうり》の辨を妄意す。何ぞや。虚明は鑑の体なり。照は則ち虚明の発なり。知覚は猶お之れ照のごときなり。知覚に即して寂体を求むるは、其れ照に即して虚明を求むる者と何を以て異ならん。是《これ》を謂いて鑑を反《かえ》して照を索むと為すは、非なるか。盍ぞ、孩提*の愛敬、平旦*の好悪を観ざるか。明覚自然にして一念も起こらざるは誠に寂なり。然るに之を謂いて寂体と為せば則ち未だし。今、寂を孩提・夜気の先に求めずして、愛敬好悪に即して之を寂にして則ち寂たりと謂う。然るや、然らざるや。蓋し、孩提の愛敬は、純一未発、之を為すなり。平旦の好悪は、夜気の虚明、之を為すなり。故に夜気*以て存するに足らざれば、則ち其の禽獣を違《さ》ること遠からず。大人、天*に参じ化を賛《たす》くるは、一に惟だ其の赤子*の心を失わざるのみ。是れ学問の要にして、其の養う所を稽《かんが》うれば、固より在る所有り。而るに知覚を以て良知と為す者は、声*と塊とを逐うに幾《ちか》からずや。何如、何如。（巻八「寄王龍渓」第二書）

語釈 ○宋望之＝宋儀望。字は望之。聶双江と同郷の吉安府永豊県の人。双江の門人で「双江聶公行状」を作った。○感慰＝感謝するとともに心が慰められる。○不鄙＝自己に対する他人の敬意。○第一義＝仏教語で最上至深の妙理をいう。○虚寂は大易にあり＝虚は『易経』

咸卦象伝に「君子以て虚にして受く」とあり、寂は繋辞上伝に「易は思うこと無きなり。為す無きなり。寂然として動かず、感じて遂に天下の故に通ず」とある。○思慮＝『易経』繋辞下伝に「天下、何をか思い何をか慮らん」とある。○憧憧＝心定まらないさま。往来が絶えないさま。『易経』咸卦九四、繋辞下伝に、「憧憧として往来せば、朋、爾の思いに従う」とある。○憧憧として往来すとは未だ光大ならざるなり＝『易経』咸卦九四象伝にみえる語。○知識を以て良知と為して漫然と感に応ずる者＝程朱学の「今日一物の理を窮め、明日また一物の理を窮む」（『大学或問』）という格物窮理説を取る者を指す。聶双江はこうした立場を、自己の外に道理を求めていくもので、「多見多聞の学（見聞を広めるだけの学問）」であると批判する。解説の「一・六聶双江と朱子学」を参照。○良知は是れ未発の中、寂然大公の本体＝『伝習録』中巻「答陸原静書」に「良知は即ち是れ未発の中、即ち是れ廓然大公・寂然不動の本体」とある。なお「廓然大公」は程明道のいわゆる「定性書」（『程氏文集』巻第二「答横渠張子厚先生書」）、「寂然不動」は『易経』繋辞上伝にみえる語で、聶双江はこれらを合わせて「寂然大公」とする。○気に拘らわれ物に蔽われ＝『伝習録』中巻「答顧東橋書」にみえる語。○故の吾＝過去の自分。『荘子』田子方篇にみえる語。○賊を認めて子と作す＝『楞厳経』巻一・巻九にみえる語。○鑑を反して照を索む＝程明道の「定性書」（『程氏文集』巻第二「答横渠張子厚先生書」）にみえる語。○孩提の愛敬＝『孟子』尽心上篇に「孩提の童も、其の親を愛するを知らざる者は無し。其の長ずるに及びてや、其の兄を敬うを知らざるは無し」とある。○平旦の好悪＝夜明け方の清明な気分のもとで下す好悪の判断。『孟子』告子上篇「牛山之木」章にみえる。平旦は明け方のこと。○夜気以て…遠からず＝『孟子』告子上篇「牛山之木」章にみえる言葉。夜気は、夜間に、日中に損なわれた良心を養い回復させる気のこと。この夜気によって夜明け方の清明な気分（平旦の気）が生まれる。○天に参じ化を賛く＝『中庸』第二十三章に「…能く物の性を尽くせば、則ち以て天地の化育を賛くべし。以て天地の化育を賛くべくんば、則ち以て天地と参となるべし」とある。○赤子の心＝『孟子』離婁下篇に見える語。○声と塊とを逐う＝工夫を本源のところに用いず、枝葉末節に力を入れること。『景徳伝統録』巻十一「王敬初常侍」に「韓獹、塊を逐う」とある。めくらのロバは、土塊を投げつけた人ではなく土塊を追いかける。

○王龍渓への書簡（2）～羅念庵の学～

達夫（羅念庵）の学について言えば、最近は、精神気脈が一所に止《とど》まっていて物事をよく明察しています。理解は深く、自らを十分に信じ切っていると言えましょう。心中に多少滞る所がないわけではありませんが、これは脱化（完全なる変革）がまだ尽くされていないからで、いずれ自然に融釈《ゆうしゃく》（心と理が渾然一体となる）していくことでしょう。そもそも達夫は、人々に同調して観劇をするような（矮人の観場のこと。背の低い人が後方で観劇をし、見えもしないのに周囲に合わせて反応すること）人物ではありません。達夫が学問を始めて間もない頃に見られた弊害は、脱化融釈を急いで求め過ぎた点にあります。そもそも脱化融釈とは、本来、工夫における重要事項ではなく、工夫が熟成した後に、結果として自然に訪れる境地なのです。それなのに急いでこの境地を求め、その結果、楊慈湖《ようじこ》の説に惑わされ、現在の心を完全なものとみなし、知覚（すでに発した心）を良知とみなし、意念を起こさないこと（＝不起意）に努め、段階を飛び超えて一気に悟ること（超頓）を楽しみ、労力をかけることを軽んじ、虚見を崇めて着実な工夫をおろそかにしてしまいました。そして、「切り立った崖の上から手を離せば、どこもかしこも黄金世界」などと言っていましたが、六経四書には一字もそれに相当する言葉は見当たりません。精魂をもてあそび、自ら道を会得したと思い、こうした状況が十年も続きました。挫折して道窮まり、それが真の境地ではないことに気づき、呆然として何を信じてよいのかわからなくなってしまいました。これは、砂を手に取って蚪《みずち》（蛇に似た動物）を捕獲しようとするようなものです。真実の所を見失い、痕跡の無いもの（実体のないもの）を追い求め、かつて楊朱が南北に分かれる岐路において哭泣したように、嘆き悲しまないではいられませんでした。このような状態に陥ってハッとこれまでの非を悟り、『易経』を考究し、『大学』『中庸』を考究し、自らの身心の上で考究することでようやく気づいたのです。つまり、「学には本源がある。心が内に主体となれば、寂然不動（ひっそりと静まりかえって微動だにしない）の心の本体が確立して外物に滞りなく感応し、止《とど》まるべきところに止《とど》まって念慮が正しく発動する。それはいかなる状況においてもそうなる。そしてこの心の本体を存養する方法とは、止《とど》まるべき所に止まって心を動かさないことである。動いた心は、残影であり、映像であり、発散である。心の発動においては、静かな時、動く時の二時があるが、寂然不動の心の本体は、動静の時に関係なく常に存在している」と。ここにおいて、専ら『易経』にいう「洗心」「退蔵」を工夫の主軸とし、「虚寂」「未発」を教説の要訣とし、枝葉をとことん削ぎ落すことで、日々、天の精明なる気象《きしょう》（こころもち）を体認し、五感にとらわれなくなりました。これが達夫の最近の「帰根復命（根に帰り命に復る）」（『老子』）であり、辛苦の時を経て到達した境地です。聖境に近づいたと言えましょう。『中庸』にいう「風の自《よ》ることを知り、微の顕なることを知る。（風がどこから起こるかを知り、微かなことが顕れることを知る）」の学は、自らの本性に従って自ら努力していくものであって、私が手助けしてどうこう出来るものではありません。（巻八「寄王龍渓」第二書）

余説　ここで聶双江は羅念庵の学について述べながら、同時に、念庵がかつて傾倒していた王龍渓の良知現成論を批判している。羅念菴がかつて王龍渓の影響を受けて、「脱化融釈」を追い求め、地道な工夫をおろそかにしていた事を批判し、龍渓の影響から脱しつつある今、つまり、双江の帰寂思想に理解を示すようになったことを評価している。

羅念庵（名は洪先、字は達夫）は、吉安府吉水県の人。王陽明に私淑し、陽明没後に弟子の礼をとった。聶双江とともに、王陽明門下の帰寂派〔右派〕を代表する人物。はじめは王龍渓の良知現成論に傾倒したが、次第に疑念を抱き、聶双江の帰寂思想に強く惹かれていった。なお、念庵と双江が初めて出会ったのは嘉靖九年秋であり、この時、双江は蘇州知府の任にあったが、まだ帰寂思想は確立していなかった。その後、嘉靖十六年に、居を翠微山中に移していた双江を再び訪ねている。この時期、双江はまさに帰寂思想を確立しつつあったが、念庵はこれを信じるには至らなかった。嘉靖二十二年にも双江を訪ね、すでに確立していた帰寂思想について教えを受けたが、まだ懐疑的であった。念庵が双江の帰寂思想に強く惹かれる契機となったのは、嘉靖二十六年に双江が無実の罪で逮捕された時である。この時、念庵は鄒東廓らとともに連行される双江を途中まで見送ったが、この時の双江の泰然自若とした立ち居振る舞いをみて、これこそが真の学問であると心から敬服し、これ以降、帰寂思想に傾倒していくことになる。その後、双江の獄中での証心の記録である『困弁録』を読んで深く感激し、序文や自己の見解を附してその出版を後押ししている。なお、念庵は双江の帰寂思想の影響を強く受けはしたが、その後も自らの思索を深め、最後は、双江の説は静に傾きすぎる嫌いがあるとして再び疑義を呈することとなった。

書き下し文　其れ達夫の学を謂えば、近来、*精神命脈、已に一処に在りて照察す。相い知るの深く、相い信ずるの至りと謂う可し。中間、少しく滞ること無きにあらざるは、乃ち其の*脱化の未だ尽くさざればなり。久久にして自ら当に*融釈すべし。夫れ達夫、豈に*人に随いて場を視る者ならんや。達夫早年の学、病は、脱化融釈を求むるの太《はなは》だ速やかなるに在り。夫れ脱化融釈は、原《もと》と工夫の*字眼に非ず、乃ち工夫の熟せし後の*景界なり。而るに之を求むるに速やかなるが故に、遂に*慈湖の説の入る所と為り、*見在を以て具足と為し、知覚を以て良知と為し、*意を起こさざるを以て工夫と為し、*超頓を楽しみて*堅苦を鄙《いや》しみ、虚見を崇めて実功を略す。自ら*撤手懸崖《さっしゅけんがい》すれば*偏地黄金と謂うも、六経四書に於いては未だ嘗て一字も意に当たること有らず。*精魂を玩弄して、謂いて自得と為し、是くの如くすること十年。*盤錯*顛沛、其の境に非ざるに遇うに至っては、則ち茫然として拠る無し。之を譬うれば、*沙を摶《と》りて蚪《みずち》を捕らえんとするなり。*当処を迷失し、跡無きを追尋し、*朱公の哭を慟《なげ》かざる能わざるなり。已にして恍然として自ら悟り、之を『易』に考し、之を『学』『庸』に考し、之を身心に考し、乃ち知る。学に本原有り、心、内に主たれば、*寂にして以て通感し、*止まりて以て発慮し、在らざる所無し。而して之を存し之を養う所以の者は、其の所に止まりて動かざるなり。動は其の影なり、照なり、発なり。発に動静有るも寂に動静無きなり、と。是に於いて一に*洗心退蔵を以て主と為し、虚寂未発を要と為し、*刊落究竟、日び*天精を見、睹聞に属さず。此れ其の近時の*帰根復命、煞《はなは》だ辛苦を喫する処なり。亦た庶幾《ちか》からんや。

*微を知り風を知るの学は、乃ち其の自*性自度にして、不肖の裨益《ひえき》する所有るに非ざるなり。（巻八「寄王龍渓」第二書）

語釈 ○精神命脉＝精神は身心の気。命脈は生命と血脈。 ○脱化＝蝉が殻から抜け出して成虫になるように、全くの別物に進化成長すること。道教でいう尸解羽化。 ○融釈＝李延平が好んで使用した語。心と理が渾然一体となった状態。 ○人に随いて場を視る＝矮人の観場の意。背の低い人が後方で芝居を見物し、前の人の批評を聞いて同調すること。自分自身の意見を持たず、無定見に人の意見に従うこと。付和雷同。 ○字眼＝最も重要なところ。詩文の中の一字の巧拙が、一篇の死活に関する重要な文字をいう。 ○景界＝有様。様子。 ○慈湖＝南宋の儒学者の楊慈湖のこと。名は簡、字は敬仲、号は慈湖。陸象山の高弟で、師が動的な心学を説いたのに対し静的な心学を主張した。心中の意念を絶って起こさないとする「不起意」説で知られる。○見在を以て具足と為し＝現在のあるがままの心を完全無欠であると説く良知現成論をさす。○意を起こさざる＝楊慈湖の「不起意」説をさす。 ○超頓＝一超直入の頓悟の立場。 ○堅苦＝志を堅持し、刻苦して修養工夫にとりくむこと。朱子が好んで使用した語。 ○撒手懸崖＝懸崖撒手。切り立った崖の上で手を離す。禅語。『景徳伝灯録』巻二十「永安浄悟」などに見える語。 ○偏地黄金＝どこもかしこも黄金の世界。 ○精魂＝精神と魂魄。体内の気と心。生命エネルギー。 ○自得＝自分の力で道を会得する。『孟子』離婁下篇などに見える語。 ○盤錯＝

盤根錯節の略。非常に困難複雑なこと。○顛沛＝困窮挫折。つまづき倒れる。『論語』里仁篇に「君子は終食の間も仁に違うこと無く、造次にも必ず是に於いてし、顛沛にも必ず是に於いてす」とある。○沙を搏り虬を捕らう＝無駄に苦労して益がないだけでなく危険であること。虬は想像上の動物で、蛇に似て長く、角と四本の足がある。水中に住み、毒気を吐いて人を害するという。○当処＝このところ。当処を迷失すとは現在の立脚点を失うこと。○朱公の哭＝楊朱が南北に分かれる岐路に立ち、どちらに進んでよいかわからず哭泣したという話。『荀子』王覇編、『列子』説符篇に見える。○寂にして以て通感し＝『易経』繋辞上伝に「易は思う無きなり、為す無きなり。寂然として動かず、感じて遂に天下の故に通ず」とあるを踏まえる。○止まりて以て発慮し＝『大学』経第一章に「大学の道は、明徳を明らかにするに在り、民に親しむに在り、至善に止まるに在り。止まるを知りて而る后に定まる有り。定まりて后に能く静かなり。静かにして后に能く安らかなり。安らかにして后に能く慮る。慮りて后に能く得」を踏まえる。○洗心退蔵＝『易経』繋辞上伝に「聖人は此を以て心を洗い、密に退蔵す」とある。○刊落＝削り落とす。○天精＝天の純粋な気。聶双江の言葉でいえば純一無雑の虚寂の体。○帰根復命＝『老子』第十六章にみえる語。○微を知り風を知る＝『中庸』第三十三章に「風の自ることを知り、微の顕なることを知る」とある。○自性自度＝自らに備わっている心性の力によって自らを救済すること。

『致知議略』

○『致知議略』(1)~「先天の学」「後天の学」とは~

お手紙に次のようにあります。〔以下、王龍渓の書簡からの引用〕「良知とは、人に生まれながら備わっている明澄《めいちょう》な心で、学んだりあれこれと考えたりしなくても、為すべきを為し、知るべきを知ることが出来ます。つまり先天の学(生まれつき自己に備わっている学)です。知識を得ることで道に至ろうとすることは、このような心の完全性を信じることが出来ず、『論語』にいう「多くを学び」「憶測して知る」ことから免れません。これは後天の学(後天的に身につける学)になります。良知とは、〔『中庸』にいう〕「未発《みはつ》の中《ちゅう》」であると同時に「発して節《せつ》に中《あ》たるの和」(已発の和)でもあるのです。程伊川は言います。「心がまだ外物に反応していない状態を先とすることも出来ないし、すでに反応した状態を後とすることも出来ない」と。静寂な心の本体に即して外物との感応が行われるので、その静寂な心の本体は「内」であるとは言い切れません。外物との感応に即して静寂な心の本体が存養されるので、その感応は「外」であるとは言い切れません。これはまさに古《いにしえ》の聖人たちが切り開いた最上至深の真理であり、王陽明先生がいわれる「前後内外に分けることの出来ない渾然として一体なるもの」であります。もし、現在の良知をさしおいて、前もって別に「未発の中」を求めると言うのであれば、これは二乗（小乗仏教や老荘）の静境にとことんひたり切る学です。現在の良知をさしおいて、これ以外に別に「已発《いはつ》の和」があるというのであれば、これは世儒のひたすら博学多識を追い求める学です。一方は、心の外物との感応を収束させて寂静の本体に帰一しようとし、一方は、寂静の本体に縁《よ》って心の感応を起こそうとしています。症状は同じではないものの、ともに良知の本旨を得ていないという点では同じです。ここにおいて、私の一見解を数条に分けて述べ、そして三公（聶双江・鄒東廓・羅念庵）の説を参照しつつ自説を正し、併せてこれを王敬所君に質し、さらに、遠方から学びに来られた徐時挙君の思いに応えたいと思います。」（以上、王龍渓の書簡からの引用。以下、聶双江の反論。）

「先天の学」とは、心が動き出す前（＝未発）においてあらかじめ養っておくことです。あらかじめ心を養っておくことで、命《めい》（天が命じ与えた本性）は自分を起点に確立し、道は自分を起点に生み出されます。『孟子』にいうように「万物はことごとく自身に備わっている」のです。ですから『易経』に、「天に先んじて天違わず（天に先立って行えば、天はそれに違うことはない）」（乾卦文言伝）と言うのです。外物に感応して心が動き、心中に動きが生じることで七情（喜怒哀懼愛悪欲）が生じます。こうして、天の時と一体となって事に対処し、そこに人為《じんい》が関与する余地はありません。人為が関与すればそれは助長（『孟子』公孫丑上）であり、助長すれば、天の正しいあり方から遠くかけ離れてしまいます。だから『易経』に言うのです。「天に後れて天の時を奉ず（天に後れて事を行い、天の時に合してその事のよろしきを得る）」（乾卦文言伝）と（聶双江は、先天は工夫、後天は効験と解釈する）。邵康節《しょうこうせつ》は言います。「先天の学とは心である。後天の学とは跡である」と。先天とは心の本体を言います。後天とは心の作用を言います。そもそも、心の本体と作用とを先後に分けると言っても、それは優劣によって分けているのではないのです。

「良知とは未発の中である」、陽明先生にかつてこのような発言がありました。陽明先生はさらにおっしゃいます。「人はただ自らの心の本体を確立するだけである。そうすれば、その作用は付随して生じるのであり、自然に『発して節《せつ》に中《あ》たるの和（発した心がぴたりと節度にかない和合している状態）』が生まれる。いかなる状況においても自然に対応していくことが出来て、うまくいかないことはない」と。それなのにもし、良知は、本体であると同時に「発して節に中《あ》たるの和」、つまり作用であるとまでおっしゃるならば、その言葉は性急に過ぎるのではないでしょうか。（巻十一「答王龍渓」第一書）

余説　王龍渓と聶双江の間で交わされたこの問答「答王龍渓」第一書（巻十一）は、別名、「致知議略」と称されるもので、「答王龍渓」第二書（同上）と合わせたものとほぼ同内容のものが王龍渓の全集に「致知議略」「致知議辯」（『王畿集』巻六）として収録されている。これらの書簡は、聶双江と王龍渓のそれぞれの思想の特色を浮きぼりにしており、陽明学関係資料の中でも重要なものの一つとされる。第一書・第二書ともに非常に長い書簡であるが、本書では第一書の冒頭部分のみを収録した。

この「致知議略」にみられる両者の論争は、嘉靖三十六年（一五五七、聶双江七十一歳）に江西提学の王敬所（名は宗休）が、その門人の叙時挙を通じて聶双江と王龍渓に学を問うたことにはじまる。これがきっかけとなって翌三十七年にかけて、王龍渓と聶双江の間で「致知」に関する激しい論争が展開された。これは、双江が政界を引退して故郷の江西で隠居生活を送っていた最晩年の時期にあたる。この両者の論争は『致知議略』として整理され、嘉靖三十七年に刊行されている。なお、意見を異にし激論を交わした二人であったが、嘉靖三十九年（一五六〇、聶双江七十四歳）には王龍渓が江西の地にやってきて聶双江を訪ねており、その交流は最後まで絶えることはなかった。

書き下し文　来書に云う、「良知は、*本心の自明にして、*学慮に由らずして得、*先天の学なり。*知識は、則ち自ら其の心を信ずる能わず、未だ*多学*億中の助けを仮るを免れざるのみ。後天に入る。良知は即ち是れ未発の中《ちゅう》、即ち是れ発して節に中《あ》たるの和なり。『*未だ応ぜざるも先に非ず、已に応ずるも後に非ず』。寂に即して感行わるれば、寂は内に非ざるなり。感に即して寂存すれば、感は外に非ざるなり。此れは是れ千聖斬関の第一義にして、所謂《いわゆる》『*前後内外無くして渾然一体なる者』なり。若《も》し良知の前に別に未発を求むと謂えば、即ち是れ*二乗沈空の学。良知の外に別に已発有りといえば、即ち是れ*世儒依識の学。或いは感を摂《おさ》めて以て寂に帰す、或いは寂に縁りて以て感を起こす。病を受くること同じからずと雖も、其の未だ良知の旨を得ざると為すは則ち一のみ。爰《ここ》に*一得の見を述べ、疏《わ》けて数条と為し、*用いて以て*三公に就いて正し、並びに諸《これ》を*敬所君に質し、且つ以て*生の来学の意に答う」と。

先天の学は、即ち未発の予を養う。予《あらかじ》めすれば、則ち*命は我由り立ち、道は我由り出でん。*万物は皆な我に備わる。故に曰く、「*天に先んじて天違わず」と。物に感じて動き、其の中、動きて*七情出づ。天の時に乗りて行い、人力、得て与《あずか》らず。与れば則ち助け、*助くれば則ち天を去ること遠し。故に曰く、「天に後れて天の時を奉ず」と。*邵子曰く、「*先天の学は心なり。後天の学は跡なり」と。先天は其の体を言う。後天は其の用を言う。蓋し、体用を以て先後を分かつも、初めより美悪を以て分かつに非ざるなり。

「*良知は是れ未発の中」、先生に嘗て是の言有り。先生曰く、「*人は只だ自家一個の心体を成就せんことを要《もと》むれば、則ち用は其の中に在り、自然に『発して節に中たるの和』有らん。自然に、施すとして可ならざる無し」と。若《も》し、良知も亦た即ち是れ「発して節に中たるの和」と曰えば、詞、*迫促に渉る。（巻十一「答王龍渓」第一書）

語釈 ○本心＝『孟子』告子上篇の語。○学慮＝『孟子』尽心上篇に、「人の学ばずして能くする所の者は、其の良能なり。慮らずして知る所の者は、其の良知なり」とある。○先天の学＝邵康節『観物外篇』下之中に「先天の学は心学なり。後天の学は迹なり」とある。○知識＝『大学』の「致知」に対する朱子の注に「知はなお識のごときなり。吾れの知識を推極して、其の知る所尽きざる無きを欲するなり」とある知識。読書窮理等の工夫によって後天的経験的に得られるもの。○多学＝『論語』衛霊公篇に「子曰く、賜や、女、予を以て多く学びて之を識る者と為すか」とある。○億中＝『論語』先進篇に「子曰く、回や其れ庶からんか。屢しば空し。賜は命を受けずして貨殖す。億すれば即ち屢しば中たる」とある。いろいろ考えて道理にかなうようにする。○未だ応ぜざるも先に非ず、已に応ずるも後に非ず＝程伊川の語。『程氏遺書』巻十五「伊川先生語一」。○第一義＝仏教語。最上至深の妙理。○前後内外無くして渾然一体なる者＝『伝習録』中巻「答陸原静書」に「未発の中は即ち良知なり。前後内外無くして渾然一体なる者なり」とある。○二乗沈空の学＝二乗は声聞と縁覚。つまり、ひたすら静寂の境を守って自らの修行に励むだけの小乗仏教のこと。ここでは、これに老荘や道教も含まれる。○世儒依識の学＝程朱の格物窮理の学を指す。博学多識に依拠する学問。○一得の見＝『墨子』雑下に「愚人の千慮、必ず一得の見あり」とある。ここは自分の意見を謙遜していう。○三公に就いて正し＝『論語』学而篇の「有道に就いて正す」を踏まえた表現。○三公＝王龍渓の「致知議略」によれば聶双江・鄒東廓・羅念庵の三人を指す。○敬所君＝王宗休。字は新甫、号は敬所。欧陽南野の門人。○生＝王龍渓の「致知議略」によれば、徐時挙という王敬所の門人。○命・道＝命は、天命の性で、未発の中。道は、性に率うの道で、発して節に中たるの和。『中庸』第一章に「天の命ずるを之れ性と謂い、性に率うを之れ道と謂い、道を修むるを之れ教えと謂う」とある。○万物は皆な我に備わる＝『孟子』尽心上篇の語。○天に先んじて天違わず／天に後れて天の時を奉ず＝『易経』乾卦文言伝。○七情＝喜怒哀懼愛悪欲。『礼記』礼運篇。○助＝助長。『孟子』公孫丑上篇。○邵子＝邵康節。北宋の学者。河南省共城の人。名は雍、字は堯夫。康節は諡。神秘的数理学である「先天象数の学」を説き、壮大な宇宙論的歴史観を展開した。一生を市井の学者として終え、二程子や司馬光などと親しくした。○先天の学は心なり。後天の学は跡なり＝邵康節『観物外篇』下之中の語。前掲注「先天の学」を参照。○良知は是れ未発の中＝『伝習録』中巻「答陸原静書」に「良知は即ち是れ未発の中、即ち是れ廓然大公・寂然不動の本体にして、人人の同じく具うる所の者なり」とある。○人は只だ自家一個の心体を成就せんことを要むれば…＝『伝習録』上巻の語。○迫促＝さしせまる。

○『致知議略』（2）～先後内外の説～

「心がまだ外物に反応していない状態を先とすることは出来ないし、すでに反応した状態を後とすることも出来ない」という程伊川の発言は、そもそも心の本体について言ったものであり、学問の工夫については当てはまりません。伊川はその後に続けて次のように言っています。「これを例えるならば、百尺の木が、根本から枝葉に至るまで一貫しているようなものである」と。樹木を植え育てようとしている人に百尺一貫の説を堅守させて、栽培灌水という地道な作業をおこたらせるならば、百尺の大木に成長することは期待できないでしょう。寂《しずけさ》は心性の本体（本来の状態）であり、天地の根本です。それなのに「内ではない」とおっしゃいます。それならば外にあるというのでしょうか。外物との感応は情の作用《はたらき》であり、すでに現象化した痕跡です。それなのに「外ではない」とおっしゃいます。それならば内にあるというのでしょうか。そもそも、内と外との間に別にわずかな空間があって、そこに寂と感とが安置されているとでもいうのでしょうか。

　私はかつて心を次のように例えたことがあります。心とは兵器の銃砲のようなもので、弾丸が飛び出して銃声が響きわたるのは心の発動、火縄に火がつくのは外物の感《はたらきかけ》、火薬が銃砲の内に蓄積している状態は、心が動きだす前の寂《しずけさ》のようなものであると。今、ただ、弾丸を勢いよく発射することで敵を威すことが出来るという点のみに着目して、銃砲に火薬をつめるという作業を怠るならば、銃は音を発しないただの器具になり果てます。どうして次々に連射して銃声を発することなどできましょう。

「寂に即して感在り。感に即して寂行わる（静寂な心の本体に即して外物との感応が行われる。外物との感応に即して静寂な本体が存養される）」とおっしゃっているのは、「現成《げんせい》」（心は現在のあるがままの状態ですでに成就している）を論じているかのようです。もし学ぶ者のために実践すべき方法を教示するのであれば、恐らくは、さらに一転語（人々に新天地を開かせる語句）を提示する必要があります。『易経』に内外を言い、『中庸』にもまた内外を言います。それなのに今、「内外はない」とおっしゃいます。『易経』に先後を言い、『大学』にもまた先後を言います。それなのに今、「先後はない」とおっしゃいます。これは全て統体（内外先後が無く渾然一体であるという本体論）でもって工夫を説いていることになります。百尺一貫の説によって樹木を植え育てることを論じるばかりで、枝葉が生い茂るのは根本《ねもと》が盛大であるからであり、根本《ねもと》が盛大であるのは栽培灌水を地道に続けたからであるという原則に基づいていないかのようです。以上が私の内外先後の説です。（巻十一「答王龍渓」第一書）

書き下し文　「*未だ応ぜざるも是れ先ならず、已に応ずるも是れ後ならず」、程子、蓋し心体の為《ため》に言うなり。然るに学問の功に於いては則ち未だ之に及ばず。其の下に曰う、「*譬えば、百尺の木、根本自り枝葉に至るまで一貫なるがごとし」と。樹を種《う》うる者をして、百尺一貫の説を堅守して、培灌の功に於いて其の施す所に昧《くら》からしむれば、安《いずく》んぞ其の能く百尺なるを望まんや。寂は性の体、*天地の根なり。而るに「内に非ず」と曰う。果たして外に在るや。感は情の用、*形器の跡なり。而るに「外に非ず」と曰う。果たして内に在るや。抑そも、豈に内外の間に別に一片地界有りて之を安頓す可けんや。

窃かに嘗て之を譬う。心は猶お兵器の銃砲のごときなり。響声の激射は発、*引線の火は感、*硝礦の*内蘊は未発の寂なり。今、徒だ激射の利の以て敵を威すに足るを知るのみして、其の硝礦の具を事とする有るを忘るれば、則ち銃は*唖器と為る。復た相い継ぐの声有る可けんや。

其の「寂に即して感在り。感に即して寂行わる」と曰うは、此を以て見成を論ずるに似たり。若し学ぶ者の為に法を立つれば、恐らくは当に更に*一転語を下すべし。*『易』に内外を言い、*『中庸』にも亦た内外を言う。今、「内外無し」と曰う。*『易』に先後を言い、*『大学』にも亦た先後を言う。今、「先後無し」と曰う。是れ皆な統体を以て工夫を言う。百尺一貫を以て樹を種《う》うるを論じて、枝葉の碩茂《せきも》は根本の盛大に由り、根本の盛大は培灌の積累に由るに原《もと》づかざるが如し。此れ鄙人《ひじん》の内外先後の説なり。（巻十一「答王龍渓」第一書）

語釈 ○未応は是れ先ならず、已に応ずるも是れ後ならず＝程伊川の語。『程氏遺書』巻第十五「伊川先生語一」。○譬えば、百尺の木…＝同上。○天地の根＝『老子』第六章。○形器＝

一定の形あるもの。〇引線＝火縄。〇硝磺＝火薬。〇内蘊＝内に蓄え積む。〇啞器＝音の出ない器具。〇一転語＝仏教語。迷いを一挙に解き放って心機一転をもたらす語。〇『易』に内外を言い＝たとえば坤卦文言伝に、「敬以て内を直くし、義以て外を方にす」とある。〇『中庸』にも亦た内外を言う＝『中庸』第二十五章に、「外内を合するの道なり」とある。〇『易』に先後を言い＝『易経』乾卦文言伝に、「天に先んじて天違わず、天に後れて天の時を奉ず」とある。〇『大学』にも亦た先後を言う＝『大学』経第一章に、「先後するところを知れば、すなわち道に近し」とある。

〇『致知議略』（3）～王龍渓の説は中人以下の及ぶ所に非ず～

程明道はかつて「定性書」において「内外無し」と言っています。そもそもこの「定性書」とは、張横渠が、外物が「定性」（何物にも動かされない心の主体性を確立すること）の妨げになるのではないかと疑い、外物との関係を完全に絶つことで「定（心の主体性の確立）」を求めようとしていたことに対して説かれたものです。明道はこのように説くことで横渠を「定」へと導こうとしたのです。陽明先生も次のようにおっしゃっています。「定はこれ未発の中《ちゅう》、即ち発して節《せつ》に中《あ》たるの和あり。体用一原、これをこれ渾然一体なる者と謂うなり」

（聶双江は、「未発の中」を養うことで「発して節に中たるの和」が生まれると解釈する）と。それなのに今、「良知の前に未発《みはつ》は無く、良知の外に已発《いはつ》は無し」とおっしゃるのは、まだ分化する前の混沌とした原初状態について言っているかのようです。もし、「良知の前に性は無く、良知の外に情は無し」とおっしゃるならば、これは良知の前と外には心は存在しないと言っていることになります。言い回しは玄妙ですが、その意味は錯乱しています。何を「静寂の境に浸り切る（沈空）」とし、何を「博学多識を追い求める（依識）」とするのでしょうか。これについては弁難するまでもないことです。

尊兄は、あまりにも高邁で一般人からかけ離れ過ぎています。これまで示された見解は、混沌としてまだ汚染されていない原初状態について言ったものであり、現在の心を完全なものとみなし、何も手を施さないことが神妙な悟りであると言っているに他なりません。これを自分一人で楽しむ分にはよいのですが、普通（中人）以下の者が実際に取り組むには無理があるのではないでしょうか。（巻十一「答王龍渓」第一書）

書き下し文　「定性書*」に嘗て「内外無し*」の言有り。蓋し、張子、外物の定性の累と為るを疑いて、外物を絶去して以て定を求めんと欲するに因りて、故に然《しか》云うなり。而して其の、定の一字に帰せしめんと要す。先生曰く、「*定は是れ未発の中、即ち発して節に中たるの和有り。体用一原、是れを之れ渾然一体なる者と謂うなり」と。今、「良知の前に未発無く、良知の外に已発無し」と曰うは、是れ混沌として未だ判《わ》かれざるの前の語に似たり。設《も》し、「良知の前に性無く、良知の外に情無し」と曰うは、即ち良知の前と外とに心無しと謂うがごとし。語は玄なりと雖も意は則ち舛《そむ》かん。孰《いず》れを沈空と為し、孰れを依識と為すかは、是れ難辯すること無き者の似《ごと》し。

尊兄、高明なること人に過ぐ。自来の論学、只だ*混沌初生、汚壊する所無き者に従《よ》り言いて、見在《げんざい》を以て具足と為し、做手《さくしゅ》を犯さざるを妙悟と為すのみ。此《これ》を以て自ら娯《たの》しむは可なり。恐らくは、中人以下の能く及ぶ所に非ざらん。（巻十一「答王龍渓」第一書）

語釈 ○定性書＝程明道が張横渠に与えた書簡。定性は、何物にも動かされない心の主体性を確立すること。『程氏文集』巻二「答横渠張子厚先生書」。　○内外無し＝右の「定性書」に「明道先生曰く、謂う所の定とは、動にも亦た定まり、静にも亦た定まり、将迎も無く内外も無し」とある。　○定は是れ未発の中…渾然一体なる者と謂うなり＝これと全く同じ言葉は『王文成公全書』には確認できない。　○混沌初生＝生まれたばかりの混沌としたもの。

欧陽南野への書簡

○欧陽南野への書簡（1）～立本の学～

長い間、連絡が途絶えてご機嫌をうかがうに至らず、このことに思いを致しては落胆していました。俗塵にどっぷり浸かって過ごしていますが、山林での悠々自適の生活や、曾点《そうてん》の「沂水《きすい》で水浴びし、雨乞い台の上で風に吹かれ歌いながら家路につく」（『論語』先進篇）という楽しみに遠く思いを馳せています。天地の間に、これに代わる楽しみなどありましょうか。

立本（根本確立）の学については、その後いかがでしょう。『伝習録』の中には、精査すべき真実の公案があります。良知は全てを渾然と包含する統一体であるなどと論じて、現象効果や感応変化までもひっくるめて工夫とみなすことなど出来ません。枝葉末節《しようまつせつ》にとらわれて本源から離れてしまうことになりかねません。そもそも知覚（すでに発した心）を良知とみなすことは、已発《いはつ》を未発とみなすことであり、心に発した善念を推し広げていくことを致知の工夫とするならば、これは『孟子』にいう「助長」によって苗を無理に成長させるようなものです。王道と覇道、集義《しゅうぎ》（道義を実践することで気が内から養われること）と義襲《ぎしゅう》（気を外から強引に取り入れようとすること）との分かれ目は、まさにこの点をおいて外にはなく、ほんのわずかな違いがやがて千里の差にまで広がってしまうものであれば、しっかりと弁別しておく必要があるのです。そもそも心が動くことが已発《いはつ》であり、いったん発してしまえばたちまち妄念と化します。心が発動してもまだ妄念と化すには至っていない微妙な状態を「定」とみなされるのでしょうか。考亭（朱子）は晩年に次のように言っています。【以下、『困弁録』（4）（5）で取り上げた朱子悔悟の言葉を紹介するが、内容がほぼ重複するので、ここでは現代語訳と語釈は省略し、書き下し文と原文のみを収録する。】陽明先生も次のようにおっしゃっています。「聖人は、天地を本来の正しい在り方に落ち着かせ、万物を成育させると言われるが、こうした境地に至るのもまた、喜怒哀楽が発する前の中正な心の状態（未発の中）を養いつづけた結果にほかならない」と。心を養うには、多くの経験、多くの涵養、多くの積み重ね、多くの忍耐が必要です。例えば、雷☳は山☶の下にあって（『易経』頤卦䷚）、響音を地勢重陰の下に収めてこそ、天に飛びかい、その雷声は遠くまで鳴り響くのです。龍蛇は蟄伏《ちっぷく》（冬眠）して底知れない深幽な場所で身を養ってこそ、地に奮い、驚くべき速さで変化するのです。復䷗は坤䷁から生じ、震䷲は艮䷳から出て、巽䷸は井䷯から分かれますが、その意味するところは神妙です。これまで幾度となく諸公に意見を求めてきましたが、私の考えに全て同意してくれたわけではありません。最近は陳明水から書簡を受け取りましたが、その弁駁《べんばく》にはとりわけ厳しいものがありました。明水のいう「心に定体なし」の一語は、心の本体に関して真実から遠くかけはなれてしまっているかのようです。燦然《さんぜん》と輝きながら自己の内にあって、寂然として動かず、千変万化の基点となるところ、これこそが定体（何物にも影響されることない確固不同の心の本体）です。残念なことに、遠く離れてしまっているためにますます見識が浅陋《せんろう》になり、心に恥じ顔に汗しています。まるで柁《かじ》を失った舟が狂風大波の中を漂っているかのように、俗世とともに浮き沈みを繰り返し、茫然として停留する所を知らないかのようです。一体何をどうしたらよいのでしょうか。

北虜（モンゴル）の寇害については、内備が非常に充実していたので、今秋は幸いにも事なきを得ましたが、憂慮すべき問題は依然として存在しています。紙面に臨んで憂えるばかりです。不尽。（巻八「答欧陽南野太史」第二書）

余説 欧陽南野（一四九六〜一五五四）は、名は徳、字は崇一、号は南野、諡は文荘。江西省吉安府泰和県の人。王陽明の高弟の一人で、王門修証《しゅうしょう》派〔中道派〕の代表的人物。陽明は、入門したばかりの南野を「小秀才」と呼んでその将来を嘱望した。その着実な学風は陽明没後の思想界に大きな影響力を持ち、当時、「致良知」の説を唱える者のうち、南野の門人を称する者が天下の半分を占めていたといわれる。同郷の聶双江とは四十年にわたって交流があり、王陽明の正統的な学説の立場から、粘り強く双江の説得を試みたが、納得させるには至らなかった。学説の上では意見を異にしたが、二人はうるわしい友情でつらぬかれていた。南野はその門人に対して、「われら二人の学は同じではないが、かえってこれこそが真の学である」と語っていたという。南野が亡くなると双江は、「南野、永眠す。世道の悲しみである。（中略）南野ほどの人物が、また世に現れることがあろうか。吾が道は助けを失い、痛恨、言い難し」と言ってその死を悼んだ（巻九「寄羅念菴太史十六首」）。

なお、右の書簡で聶双江は、欧陽南野が、「知覚を以て良知と為す」「已発を以て未発と作す」として、心が動いてもまだ妄念と化す前の状態が「定」であると主張していることに疑義を呈し、何者にも影響されることのない確固不同の心の本体（＝定体）を確立することを主張している。

書き下し文

久しく*起居を奉聞せず、之を念《おも》いて憮然《ぶぜん》たり。*風塵に埋没し、遐かに山林閑適・*浴沂風詠の楽しみを想う。*穹壌《きゅうじょう》の間に復た何物か此に代う可きもの有るかを知らざるのみ。

立本の学、邇来何似《じらいいかん》。*『伝習録』中に自ら的確の公案の査す可き有り。以て其の*統体を論じて、*景象効験・感応変化の処を倶に工夫と作《な》し看る可からず。未だ支節に着在して本原《ほんげん》を脱却せざること有らず。夫れ*知覚を以て良知と為すは、是れ已発を以て未発と作《な》すなり。*推行を以て致知と為すは、是れ助長を以て苗を養うを為すなり。王覇・集襲の分、此《ここ》を舍《お》いて復た毫釐《ごうり》の辯有ること無きなり。夫れ動は已発なり。発すれば斯ち妄る。発して未だ発せず、動いて動くこと無きや、其れ斯ち以て定と為さんや。考亭、晩年に云う有り、【「向来の講究思索、直ちに心を以て已発と為し、止だ端倪を察識するを以て格物致知の実に手を下す処と為すのみ。故を以て平日涵養一段の工夫を闕却す。言を発し事を処すに至っては、軽揚飛躁、復た聖賢の雍容深厚の気象無し。所見の差、其の病、亦た此に至らば、以て審《つまび》らかにせざる可からざるなり」と。又た云う、「程子云う、『未発の中は、本体の自然なり。敬して以て之を持し、此の気象をして常に存して失わざらしめば、則ち此れ自りして発する者は、自然に節に中《あ》たらん』と。此れは是れ日用本領の工夫なり。其の『却って已発の処に於いて之を観ん』と曰うは、蓋し、其の端倪を察識して以て夫の拡充の功を致す所以なり。一たび中《あ》たらざること有れば、則ち心の道為《た》るや、或いは息《や》むに幾《ちか》からん」と。又た曰う、「李先生の門下、人を教うるに、毎《つね》に静中に於いて以て夫《か》の喜怒哀楽未発の中、未発は何《いか》なる気象を作《な》すかを体し、此を存して則ち発して中《あ》たらざること無からしむ。時に方に講論を貪聴するも、又た方に窃かに章句訓詁の習を好む。故を以て存するが若《ごと》く亡きが若《ごと》くして、畢竟、一の的実の見処無く、蹉跎《さだ》して此の翁に辜負《こふ》す。之を念《おも》えば流汗して背を浹《うる》おす」と。此れは是れ程門相伝の訣竅《けつきょう》にして、以て上は夫の精一執中の旨に遡る。聖人復た起こると雖も易《か》えざらん。】陽明先生も亦た云う、*「聖人、天地を位し万物を育するに到るも、亦た只だ喜怒哀楽未発の中従《よ》り養い出し来たるのみ」と。養の一字、是れ*多少の体験、多少の涵蓄、多少の積累、多少の寧耐あり。之を譬うれば、*山下に雷有りて声を地勢重陰の下に収め、龍蛇の蟄して身を深味不測の所に存し、然る後に地に奮い天に飛び、其の化は神、其の声は遠し。復は坤に生じ、震は艮に出で、巽は井に辨《わ》かる。其の旨は微かなり。蓋し、嘗て反覆して正を請うも、諸公、未だ尽くは以て然りと為さず。近ごろ明水*の一書を得るも、駁辨《ばくべん》すること尤も厳し。其の「心に定体無し」と謂うの一語は、其の心体に於いて、疑うらくは之を失うこと遠し。炯然《けいぜん》として中に在り、寂然として動かず、而して万化の基づく攸《ところ》、此れ定体なり。恨むらくは、相い去ること遠く、識趣*日に卑陋なるを。心に愧《は》ぢ顔に汗す。柁を失うの舟の、顛風巨浪の中を飄泊するが如く、世と浮沈し、茫然として止まる所を知る莫し。之を如何せん、之を如何せん。

虜寇、内備頗る厳しきを以て、今秋、幸いに事無かる可きも、其の憂う可き所の者は、固より自ら在るなり。楮*に臨みて悵悵たり。不尽。（巻八「答欧陽南野太史」第二書）

語釈 ○起居＝安否や様子を尋ねることば。 ○風塵＝煩わしい俗世間。細々とした雑務。
○浴沂風詠＝『論語』先進篇に、曾点が自らの志を述べた言葉の中に、「莫春には春服既に成り、冠者五六人、童子六七人、沂に浴し、舞雩に風し、詠じて帰らん」とある。このいわゆる「曾点の志」を聞いた孔子は深く感じ入ってこれに賛同した。 ○穹壌＝天地。 ○『伝習録』中に自ら的確の公案の査す可き有り＝聶双江が王陽明の言葉としてしばしば引用する「体立ちて用は自ら生ず」を指すか。現行の『伝習録』にはこれと全く同じ言葉は確認できないが、『伝習録』上巻に同様の語として、「体用一源、是の体有れば即ち是の用有り」「体用一源、体未だ立たずんば、用は安んぞ従りて生ぜん」とある。○統体＝統一体。良知が、内外・先後・動静・体用の区別がない渾然一体の存在であること。○景象＝現象。○知覚＝已発の心。すでに発動した心をいう。○推行を以て致知と為す＝すでに発動した心の上で工夫を行うこと、つまり、已発の工夫を致良知とみなすこと。拡充の工夫。○精一執中＝『書経』大禹謨篇に「人心は惟れ危うく、道心は惟れ微かなり。惟れ精、惟れ一、允に厥の中を執れ」とある。本文の『困弁録』弁中（1）を参照。○聖人天地を位し…養い出し来たるのみ＝『伝習録』上巻の語。○聖人天地を位し万物を育するに到る＝『中庸』第一章の語。○多少の＝多くの。○山下に雷有る＝『易経』の頤卦を指す。山雷頤。この卦は、養うことを説く。○明水＝陳明水。名は九川、字は惟濬、号は明水、江西省臨川県の人。正徳九年進士。江右王門の重要人物で、聶双江の帰寂思想を厳しく糾弾した。本文の「陳明水への書簡（1）」の余説を参照。○識趣＝識見・志趣。○楮に臨み＝紙面に臨む。楮は紙、多く信箋をさす。

○欧陽南野への書簡（2）～内外・動静・先後は一体である～

大晦日前にお手紙を拝受しましたが、痛切で真心が尽くされたものでした。私の迷走ぶりを見るに忍びず、なんとか助け導いてあげたいと思われてのことかと存じます。どれほど感謝してもしきれるものではありません。『易経』に「君子は朋友と講習し互いに裨益《ひえき》（助け補う）し合う」、『中庸』に「これを弁じて明らかならざれば措《お》かざるなり」とあります。人に勝ちたいという思いを増大させ、己の見解ばかりを主張するのであれば、『孟子』にいう「自暴自棄」と何ら変わりません。

憚《はばか》りながらも思いますに、良知は本来静寂なものではありますが、外物と感応することで知覚が生じます。知覚は良知から発したものではありますが、その知覚をそのまま良知であるとみなして、それがどこから出てきたのかということを忘れてはなりません。心は内を主体としますが、外物に応じることで外が生じます。外とは残影です。その外物に応じて生じたもの（残影）を心とみなして、心を外に求めるようなことがあってはなりません。それゆえ学問の道は、心中の主体である寂然不動（ひっそりと静まりかえって微動だにしない）の本体に求めるべきであり、心を静寂のまま常に安定させておくならば、いかなる外物に感応しても滞ることはなく、いかなる外物も包含しないものはなく、動いても制御不能に陥ることはなく、天下において成すべきことを尽く成し遂げることができます。例えば、鏡がここに懸かっていて、外物がその上を通れば自然とその像が映し出されたり、鍾がたてばしらにかかっていて、叩くと音が鳴ったりするようなものです。これこそが、内外・動静・先後の区

別が無く一体であるということなのです。（「答欧陽南野太史」第三書）

余説　聶双江も、内外・動静・先後が一体であることを否定しないが、それは、「内↓外」「静↓動」「先↓後」という時間の流れの中での一体（ひとつづき）を説いたものであった。双江は内外・静動・先後を時間的に二分していると批判されたが、それらはあくまでも主従関係のもとに連続しているものであって、双江には、「二つにきっぱり分けている」という認識はなかった。

書き下し文　除前、翰教を承く。痛切懇至。其の謬迷《びゅうめい》に忍びずして、以て之を援《たす》くること有らんと思うが若《ごと》し。感佩《かんぱい》、何如《いか》ばかりか。『易』に曰う、「君子は以て朋友と講習す」と。「之を辯じて明らかならざれば措《お》かざるなり」。勝心を増して己見を長ずと曰うが若《ごと》きは、其れ自ら暴棄する者と何ぞ異ならん。

竊《ひそ》かに謂《おも》えらく、良知は本と寂、物に感じて而る後に知有りと。知は其の発するものなり。遂に知の発するを以て良知と為して、其の発するものの自る所を忘る可からず。心は内に主たりて、外に応じて而る後に外有り。外は其の影なり。其の外に応ずる者を以て心と為して、遂に心を外に求む可からず。故に学問の道は、其の内に主たるの寂然たる者自り之を求め、之をして寂にして常に定めしむれば、則ち感じて通ぜざる無く、外は該《か》ねざる無く、動いて制せざる無くして、天*下の能事畢《おわ》る。之を譬うれば、鑑の此《ここ》に懸《か》かりて、物来《きた》れば自ら照し、鐘の*簴《きょ》に在りて、扣《たた》けば

応ぜざる無きがごとし。此れ内外*・動静・先後無くして之を一にすと謂う者なり。（巻八「答欧陽南野太史」第三書）

語釈 ○除＝大晦日。○翰教＝お手紙。○感佩＝有難く感じていつまでも忘れないこと。心から感謝して忘れないこと。○君子は以て朋友と講習す＝『易経』兌卦の大象の語。○之を辯じて明らかならざれば措かざるなり＝『中庸』第二十章にみえる語。○自ら暴棄する者＝『孟子』離婁上篇に、「孟子曰く、自ら暴う者は、与に言うこと有るべからざるなり。自ら棄つる者は、与に為すこと有るべからざるなり。言、礼儀を非る、之を自ら暴うと謂うなり。吾が身、仁に居り義に由ること能わず、之を自ら棄つると謂うなり。…」とあるを踏まえる。○天下の能事畢る＝『易経』繋辞上伝の語。○簴＝鍾をかけるための台。○内外・動静・先後を無くして之を一にする者＝『伝習録』中巻「答陸原静書」に、「未発の中は即ち良知なり。前後内外無くして渾然一体なる者なり」とある。

○欧陽南野への書簡（3）～本体・工夫・効験は一体ではない～

お手紙ではこのように言われています。「本体は工夫の様相で、効験《こうげん》（結果として表れる現象）は工夫の徴証《ちょうしょう》です。良知（本体）は、本来の性質として、視覚や聴覚ではとらえることのできない心の本体において〔ひとりでに〕戒慎恐懼《かいしんきょうく》し（いましめつつしみ）、自らを欺くことなく常に自らを快い状態へと導きます。工夫もまた、意識的に戒謹恐懼に努めることで、自らを欺くことなく常に自らを快い状態へと導いていきます。その結果として、戒謹恐懼して、自らを欺くことなく常に自らを快い状態へと導きますが、これが効験《こうげん》です」と。これは深淵な学説であるかのようにも見えますが、『中庸』の意味をくりかえし考えてみますと、わずかに齟齬《そご》があります。『中庸』においては、「未発の中」（喜怒哀楽が発する前の中正な心の状態）を心の本体とみなしているように思われます。「未発の中」とは、五感が働き出す前の絶対無比の存在（＝独）であり、天下における大根本です。戒慎恐懼とはそれを養う工夫になります。『中庸』にいう「発動した心が節度にかなって心に調和が生まれる」「天地が本来あるべき境位に落ち着き万物が成育する」とはその効験です。先後に分かつ所があるのは免れませんが、陽明先生が生前に説かれていた数条とぴたりと一致します。これらの先生の言葉と併せて考える必要があります。（巻八「答欧陽南野太史」第三書）

余説　「本体」「工夫」「効験」を渾然一体のものとしてとらえる欧陽南野に対して疑義を呈し、「戒慎恐懼（聶双江は静坐の工夫と解釈する）」によって先ず心の本体（未発の中）を確立することを主張している。そしてこれこそが王陽明の教えに他ならないと聶双江は信じていた。

書き下し文　来に云う、「本体は是れ工夫の様子。効験は是れ工夫の証応。良知は本と、睹*ざるを戒慎し、聞かざるを恐懼し、自*ら欺く無くして恒に自ら慊《こころよ》し。工夫も亦た須らく戒謹恐懼して、自ら欺く無くして恒に自ら慊《こころよ》くすべし。果として能く戒謹恐懼し、自ら欺く無くして恒に自ら慊くするは、即ち是れ効験なり」と。此《ここ》に深*く造《いた》るの学を見る可きなり。『中庸』の意を反覆すれば、微かに同じからざるもの有り。『中庸』の意は、未発の中を以て本体と為すに似たり。未発の中は、即ち睹ざる聞かざるの独にして、天*下の大本なり。戒慎恐懼は其の功なり。「節*に中《あ》たりて和生ず」「天*地位し万物育す」は其の効験なり。分別する所有るを免れずと雖も、先師の前に云う所の数条と、亦た相い符するに似たり。合わせて之を観る可きなり。（巻八「答欧陽南野太史」第三書）

語釈　○睹ざるを戒慎し、聞かざるを恐懼し＝『中庸』第一章の語。　○自ら欺く無くして恒に自ら慊し＝『大学』第六章に「所謂る其の意を誠にすとは、自ら欺く毋きなり。悪臭を悪むが如く、好色を好むが如くす。此れを之れ自謙（慊）と謂う」とあるを踏まえる。　○深く造るの学＝『孟子』離婁下に「君子、深く之に造るに道を以てするは、其の之を自得せんことを欲すればなり」とある。　○天下の大本／節に中たりて和生ず／天地位し万物育す＝『中庸』第一章の語。

○欧陽南野への書簡（4）～大河の源泉はどこにあるのか～

またあなたはこのように言われます。「良知が外物に感応して変化するというのは、視聴言動や喜怒哀楽といった類です。良知がなければ、このような感応変化は一体どこから生じてくるというのでしょうか。とはいえ、感応変化がなければ、そのいうところの良知を目にすることは出来ません。それゆえ、良知を致す（発揮する）には、このような感応変化として現れた良知の上で致すことになります」と。恐れながらも尊意を分析しますに、源泉とは、ふつうは〔大河として知られる〕長江・淮河《わいが》・黄河・漢江《かんこう》が最初に湧き出る所を言いますが、〔あなたの説だと〕すでに大河となってしまった長江・淮河・黄河・漢江でしかその源泉を見ることはできないと言っているかのようです。元来、源流を浚《さら》うとは、長江・淮河・黄河・漢江が最初に湧き出る所を浚うのであって、すでに大河となっている長江・淮河・黄河・漢江を源流とみなしてこれを浚うのではありません。根本《ねもと》とは、枝葉や花実が生長していく最初の所です。根を培うとは、枝葉や花実が最初に生長する根を培うのであって、すでに生長してしまった枝葉や花実を根とみなしてこれを培うのではありません。今、感応変化を生み出す大元の良知に工夫を施さないで、すでに発してしまった感応変化のところで良知を致そうとしています。これは、太陽や月の本体を、それが照らし出す光の上に求めて、その煌々と輝く太陽や月そのものを忘れているようなものです。いかがでしょうか。（巻八「答欧陽南野太史」第三書）

余説 良知の本体は、心が発動した所、つまり已発の所でしかみることが出来ないと説く欧陽南野に対して聶双江は、河川・草木・日月の例えを用いて反論するが、両者の意見がかみ合うことはなかった。

書き下し文 又た云う、「良知の感応変化は、視聴言動・喜怒哀楽の類の如し。良知無くんば、則ち感応変化は何ぞ従《よ》りて出づる所あらん。然れども感応変化に非ずんば、則ち亦た以て其の所謂《いわゆ》る良知なる者を見る無し。故に知を致すは、其の感応変化の知を致すなり」と。仰いで尊意を体するに、原泉は江・淮・河・漢の従《よ》りて出づる所なり、然れども江・淮・河・漢に非ずんば、則ち亦た以て其の所謂《いわゆ》る原泉なる者を見る無しと云うに似たり。故《もと》より、原《げん》を浚《さら》うは、其の江・淮・河・漢の従《よ》りて出づる所の原を浚い、江・淮・河・漢を原《げん》と為して之を浚うに非ざるなり。根本は、枝葉花実の従りて出づる所なり。根を培うは、其の枝葉花実の従《よ》る所の根を培い、枝葉花実を以て根と為して之を培うに非ざるなり。今、感応変化の従りて出づる所の知を致さずして、感応変化の知に即して之を致す。是れ日月を*容光必照の処に求めて、其の*懸象著明の大を遺《す》つるがごとし。何如。（巻八「答欧陽南野太史」第三書）

語釈 ○容光必照＝『孟子』尽心上篇に「日月明あり、容光必ず照らす」とある。容光は隙間に入ってくる光。 ○懸象著明＝煌々と輝く日月そのもの。

鄒東廓への書簡

○鄒東廓への書簡（1）～天下の感はみな寂より生ず～

九月十五日後に、五月二十日にお送り頂いたお手紙を拝受し、そして、新たに著された論考を拝読いたしましたが、この上なく心が洗われ慰められました。巨舟の比喩や、飢溺は己に起因するという論は、痛快かつ明晰です。それに比べて私の学問はといえば、誠を確立するには至っておりません。そのため、言葉によって人々の心を動かす力量もなく、恐れ多くも、知己の期待にそむいてばかりです。

前書の坤䷁復䷗の説については、私の説明が明瞭でなかったために、心を寂《しず》かな時と、外物に接して感《うご》く時の二つの時に分けてしまっているのではないかという疑いを招いてしまいました。そもそも、寂《しず》かでない時はなく感《うご》かない時はないというのは、心の本体について言ったものです。一方、心には感《うご》く時があって、この感《うごき》をつかさどるのが心の寂《しずけさ》であるというのは、学問の工夫について言ったものです。ですので、私の説に対して、「寂」「感」を二つの時に分けていると言われるのは正しくはありません。工夫は「寂」「感」に分けられないと言われますが、心の寂《しずけさ》に立ち帰る（＝帰寂）ことによって心の感《うごき》をつかさどることが出来るということがわかっていなければ、これを認めるわけにはいきません。そもそも、天下のあらゆる感《うごき》は全て寂《しずけさ》から生まれるのです。寂《しずけさ》がなければ正しい感《うごき》は生まれません。坤☷がなければ震☳が生まれることはありません。坤☷は、震☳の母です。乾☰は、坤☷の気をひとたび索《もと》めることで震☳を得ます。それゆえ震☳を長男と言います。聖人は卦象を立ててそこに意を尽くし、坤☷と震☳とを合わせて卦を作成し、復䷗と名付けました。そこに込められた意味は深いのです。思いますに、「虚（空虚）」であることで受胎し、「静」であることで養われ、「寂」であることで成就し、このようにして「天帝は震の時に万物を発動させる」（『易経』説卦伝）ことになります。『易経』復卦の彖《たん》伝に「復は亨《とお》るとは、剛反《かえ》るなり」とありますが、これは剛が反《かえ》る（完全な状態に戻る）ことを復とみなしているのであって、陽が動き出すという意味ではありません。思いますに、天徳の剛とは、剥落してほとんど尽き果て、ここに至って再び完全な状態に戻ることをいいます。そして天地の心もここ（完全な状態「剛」）に見ることができるのです。老子は『易』を深く理解した人です。ですから、「虚を致すこと極まり、静を守ること篤ければ、万物並び作《おこ》る。予《われ》、以てその復を観る」と言っているのです。そもそも万物の発生は、人為によって起こせるものではなく、「虚」と「静」とによって起こるのです。復卦䷗が復（剛が反る）であるのは、震☳に原因があるのでしょうか。坤☷に原因があるのでしょうか（聶双江は坤に原因があると考える）。あるいはまた、坤☷と震☳とを合わせることで、養うための発端となるものが生まれるのでしょうか。『易経』復卦に、「古代の聖王は、冬至の日には関所を閉ざし、四方の巡視をとりやめ、商人や旅行者の通行を禁じた」とありますが、坤のよく養うという性質を表しているのではないでしょうか。養わなければ動くことは出来ません。それゆえ『易経』では大過䷛を頤䷚の次に配しているのです。孔子は『易経』の伝の中でこうした主旨の発言をたびたびしています。これは学の根本要領であり、天の秘密がことごとく漏洩したものと考えられます。（巻八「答東廓鄒司成」第一書）

余説　鄒東廓（一四九一～一五六二）は、名は守益、字は謙之、号は東廓、江西省吉安府安福県の人。正徳六年（一五一一）、会試第一、廷試第三で翰林院編修となる。王陽明の高弟で、寧王宸濠の反乱の際には陽明とともに鎮圧につとめた。大礼の議では世宗（嘉靖帝）の怒りを買って獄に下され、後に復帰して南京礼部郎中、南京国子監祭酒などを歴任したが、嘉靖十三年に失職して以降は、官に仕えることなく講学活動に専念した。特に、故郷の吉安府安福県では復古・連山・復真の三書院を創建し、青原山で講会を開催するなど、江西地域における講学活動の中心的存在であった。王門修証派（中道派）の代表的人物で、王陽明の教えを忠実に守り、その流布につとめた。黄宗羲は、「陽明の没して、その伝を失わざる者は、先生（鄒東廓）を宗子と為さざるを得ず」と称賛し、その学問の特色として「敬」や「戒慎恐懼」の重視を指摘している（『明儒学案』江右王門学案一）。聶双江とは同郷ということもあって深い交流があり、晩年に至るまで何度も一緒に講学を行っているが、学説の上では対立した。双江は、故郷の江西の地で嘉靖十年から十年間家居生活を送り、この間に帰寂思想を確立しているが、その間も鄒東廓とはしばしば会って講学活動を行っていた。また、嘉靖二十六年に双江が無実の罪で逮捕された際も、鄒東廓が羅念庵とともに途中まで同行し、その間も議論を続けている。このように、双江の人生およびその思想形成における重要な局面には、常に鄒東廓の姿があった。

右の書簡は、「寂」「感」を二時に分けていると疑われたことに対する聶双江の反論である。「寂」「感」に分けられないというのは心の本体について言ったものであり、工夫においてはそうではなく、主寂従感であって、「寂に帰す」ことで「感」をつかさどるものでなければならないと主張する。そしてそれを裏付けるものとして『易経』の言葉を持ち出している。ここからも、双江がその帰寂思想の根拠として、いかに『易経』を重視していたかがみてとれる。またここでは、『易』を深く理解していた人物として老子を挙げているのも興味深い。

書き下し文

九月望後に、仲夏念日に恵まるる所の教えに接し、並びに諸新作に拝す。浣慰極まり無し。巨舟の喩え、饑溺の己に由るの論、痛快明切。然れども学未だ誠立つに至らず。故に言以て人を動かすに足らず、仰いで知己に負《そむ》くこと多し。

前書坤復の説、*詞を遣《つか》うこと未だ瑩《あき》らかならず、寂感二時有るの疑いを致す。夫れ時として寂ならざる無く、時として感ぜざる無き者は心の体なり。感は惟だ其の時にして、之を主るに寂を以てするは学問の功なり。故に寂感に二時有ると謂うは非なり。工夫は寂感に分かるる無しと謂いて、寂に帰して以て夫の感を主るを知らざれば、又た豈に是《ぜ》と為すを得んや。蓋し、天下の感は皆な寂より生ず。寂ならざれば則ち以て感を為す無し。坤に非ざれば則ち以て震を為す無し。*坤は震の母なり。乾は坤に一索して震を得。故に之を長男と謂う。聖人は象を立てて以て意を尽くし、坤と震とを合して卦を成し、之を名づけて復と曰う。其の旨は微なり。蓋し、虚以て之を胎し、静以て之を養い、寂以て之を成し、而る後に「*帝は震に出づる」なり。象に曰く、「*復は亨るとは、剛反《かえ》るなり」と。則ち是れ剛反るを以て復と為し、*陽動の義に取ること有るに非ざるなり。蓋し、*天徳の剛は、剥《はく》して幾《ほと》んど尽き、是《ここ》に至って復た我に全きを言う。而して天地の心も亦た是《ここ》に於いて見る可し。*老子は易に深き者なり。故に其の言に曰う、「*虚を致すこと極まり、静を守ること篤ければ、万物並び作《お》こる。予以て其の復を観る」と。夫れ万物の作《お》こるは、作《な》すに作《お》こらずして、虚と静とに作《お》こる。則ち復の復為《た》るは、将に之を震に求めんか。之を坤に求めんか。抑《そも》そも将に坤と震とを合して其の之を養うの端を求めんとするか。「*先王、以て至日に関を閉ざし、省みず、行かず」、坤の善く養うに取ること有るに非ずや。養わざれば則ち動く可からざるなり。故に大過を以て頤に次す。是れ夫子、易に於いて屢屢《しばしば》之を言う。蓋し、根極・領要にして、其の漏洩の太《はなは》だ尽くすを疑う。（巻八「答東廓鄒司成」第一書）

語釈 ○詞を遣う＝辞をつかう。言葉を運用する。 ○坤は震の母なり…故に之を長男と謂う＝『易経』説卦伝に「坤は地なり。故に母と称す。震は一索して男を得る。故に之を長男と謂う」とある。 ○帝は震に出づ＝『易経』説卦伝に「帝は震に出づ。…万物は震に出づ」とある。 ○復は亨るとは剛反るなり／天地の心＝『易経』復卦彖伝に「復は亨るとは剛反るなり。…復は其れ天地の心を見るか」とある。 ○陽動の義を取ること有る＝『易経』復卦象伝にいう「天地の心」について、北宋の程伊川が「動の端」と解釈し、朱子もこれに従ったことをいうか。 ○天徳＝『易経』乾卦小象に「用九、天徳首為る可からざるなり」、文言伝に「飛龍天に在るは乃ち天徳に位す」とある。 ○老子は易に深き者なり＝今の学界では、『易経』は老子の影響を受けて作成されたというのが定説となっている。○虚を致すこと極まり…万物並び作こる＝『老子』第十六章の語。○先王、以て至日に関を閉ざし…＝『易経』復卦大象に「先王以て至日に関を閉ざし、商旅、行かず、后、方を省みず」とあるをふまえる。

○鄒東廓への書簡（2）～帰寂思想に対する批判への反論～

以前、私のこうした理解を同志らに語ったことがあります。同意してくれる人もいましたが、否定する人もいました。そして私の説に疑義を呈する者には三つの説があります。ある者は言います。「道とほんのわずかな時間も離れることが出来ないものである。今あなたは、動処に工夫は必要ないという。これは道から離れることである」と。またある者は言います。「道は動静に分けられない。今あなたは、工夫はただ静を主とするだけだという。これは二つに分けていることになる」と。またある者は言います。「心と事物とは一体である。仁（心）は、事物（外物）と接する中でしか現れてこない。今あなたは、事物に接してすでに心が動き出してしまっている状況では工夫の施しようがないという。これは事物を軽んじおろそかにしてしまっており、禅の悟りと変わらない」と。そもそも禅が儒学と異なるのは、外物との感応を塵煩とみなし、一切を断除してこれを寂滅（涅槃）とすることにあります。私が本当にこのようなことを説いていて、この点を誹《そし》って禅とみなされているのであれば、それはもっともなことです。しかし今私が説いているのは、寂に帰すことで天下におけるあらゆる感応（外物との接触による心の反応）を滞りなくし、虚を致すことで天下のあらゆる物事を成り立たせ、静を主とすることで天下のあらゆる変動に対処しようとするものです。どうして禅に疑われる理由がありましょうか。程明道は「動にもまた定まり、静にもまた定まる」と言います。ここにいう動静とは時を表しています。しかし「定まる」には時はありません。井戸は常に同じ場所にあって動くことはなく、人々が水を汲みに往来しても静寂を保っています。龍は淵に潜んで力を蓄えることで、やがて力強く天へと飛躍していきます。全てはただ時なのです。どうして動静に二分したり、一瞬たりとも道から離れたりすることがありましょうか。人が生まれ落ちてよりこのかた、この心は常に動きまわっています。目で視たり、耳で聴いたり、鼻で嗅いだり口で味わったり、心中には思慮や欲望が絶えず生じますが、これらを禁じて発動しないようにすることは不可能です。心が発動したところにこそ工夫もあるのだと言って、その発動を助け促進させるとでもいうのでしょうか。そもそもその心の発動が節度を越えてしまうことを恐れて、これを禁じ抑え込んでしまうのでしょうか。さらには、その過ぎたるものは抑制し、及ばざるものは引っ張り出して、発動した心を節度にかなうように導いていくのでしょうか。そもそも節度とは心に備わっている準則です。『詩経』に「識らず知らずのうちに帝の則に順《したが》う」とありますが、事物に接する前にあらかじめ心を養っておく者だけが、自然に節度にかなうことができるのです。どうして自らの意志でもって、節度にかなうように心を導いていくことなどできましょうか。発動した心を節度にかなうように導くことは、『孟子』にみえる宋人の「助長」という愚かなやり方と同じです。後世の朱子が曾子についていう「事物に随って精察する」であり、ひっきりなしに動き回る心で憶測することで、私知（ひとりよがりの狭い見識）に陥ってしまっていることに気づいていません。『孟子』にいう宋人のように、もうろうとしながら家に帰り、ぐったりと疲れ果てても、当然のことながら苗は日に日に枯れていきます。孟子は言います。「天下には、苗を手助けして無理に成長させるようなやり方をする者が少なくない。……益がないばかりか、かえってこれを害することになる」と。このようなやり方は全くもって正しくないと言っているのです。また、心の発動を禁じて抑え込むというやり方は、心の活発なはたらきに逆らうことになります。『論語』にいう「克（人に勝とうとする）伐（自らの功績をほこる）怨（人を怨み憎む）欲（欲張り貪る）の思いが生じたら、抑制してそのままにしておかない」というやり方と何ら変わることがありません。孔子はこのようなやり方で仁を実践するのは難しいと言われています。仏教徒もまた念をとり守っていくやり方を下等な修行法とみなしますが、一理あることです。心の発動を助け導いていくやり方は、欲望や私情を増長させ、そのふるまいは『中庸』にいう「小人の忌み憚ることのなき者」のようです。日々、水火を踏んでいながら、その身が焼かれ溺れてしまっていることに気づいていないかのようです。さらに下等なやり方と言えます。

以上の三者はいずれも学問といえるものではありません。学問の道とは一体何でしょうか。子思子は道学の伝承が失われてしまっていることを憂え、古くは堯舜の「精一の微」にまで遡り、その真意を明らかにして「睹《み》ず聞かざるに戒謹恐懼す（五感がはたらきだす前に心の本体を存養する）」の教えを説きました（『困弁録』弁中（2）を参照）。そもそも「睹《み》ず聞かざる」とは虚寂の本体（心本来の空虚静寂な状態）のことであり、天が人に命じ与えた本性（天命の性）のことです。「戒謹恐懼」とは、（静坐によって）その心の本体を養うことです。心を養って大根本が確立されれば、この本体から発せられる思いは自然に節度にかないます。天地はこうして正しい在り方に落ち着き、万物はこうして育成され、その効能はここに至って極に達します。ここに至れば、感応のはたらきや変化言動が滞ってしまうようなことはありません。『中庸』に「遠い所の事も近い所から起こるということを知り、一般の風俗もその根本の原因があることを知り、微かなものほどかえって明らかになるということを知る」とありますが、君子に及ぶことが出来ない理由がここにあります。愚見は以上です。かまびすしい非難の内容についてはよく承知していますが、私の心には未だ当たる所がありません。とはいえ、もともと、自ら一説を提示することで議論に勝とうとするものでもありません。かつて、『易経』『中庸』を何度も繰り返し読むことで、一見解を得るに至りました。文公（朱子）は晩年に、かつて発動した心において工夫を施そうとしたこと（逐外の失）を大いに後悔し、この思いを決して忘れることなく大切に守り通し、後世に伝えました。これについてはすでに前書で述べましたが、それも概略にすぎません。

晴川の同志と共に、このことについてぜひ検討してみて下さい。もし依然として納得がいかなければ、さらに書簡を往復することを厭わないで下さい。他に絶句四首を附し、謹んで貴君の詩に和しておきました。皆さんで回覧し、御教示を頂ければ幸いです。不悉。（巻八「答東廓鄒司成」第一書）

余説　右の書簡にいう聶双江に対する三つの批判は、『明儒学案』江右王門学案二にも引用されている。双江はこれらの批判に対して、逐一、丁寧に反論している。そしてここで双江が持ち出してくるのが、『中庸』の言葉である。双江は、先の『易経』とともに『中庸』を繰り返し読むことで帰寂思想を確立した。ここでは『中庸』にいう「戒慎恐懼」について述べられているが、双江はこれを静坐によって心の本体を養うこととして解釈する。鄒東廓も「戒慎恐懼」を重視するが、これを他の陽明門下と同様、発動した心の上で工夫を施すこととして解釈し、双江の説と真っ向から対立した。

書き下し文

比《さき》に嘗て此を以て諸同志に語る。或るものは然りとするも、或るものは否とす。*其の之を疑う所以の者に三説有り。其の一に謂う、「道は須臾も離る可からざるなり。今、動処に功無しと曰う。是れ之を離るるなり」と。其の一に謂う、「道は動静に分かるる無きなり。今、工夫は只だ是れ静を主とするのみと曰う。是れ之を二とするなり」と。其の一に謂う、「心事は合一なり。仁は事に体して在らざる無し。今、感応流行には力を着し得ずと曰う。是れ事為を脱略し、禅悟に類《に》るなり」と。夫れ禅の儒に異なる者は、感応を以て塵煩と為し、一切断除して之を寂滅とす。誠に是に於いて之を誣《そし》りて禅と為す有れば、過ちに非ざるなり。今、乃ち寂に帰して以て天下の感に通じ、虚を致して以て天下の有を立て、静を主として以て天下の動を該《か》ぬ。又た何ぞ禅に嫌《うたが》わんや。「*動にも亦た定まり、静にも亦た定まる」という。動静は時なり。而れども定には時無し。*井は其の所に居り、*龍は淵に潜みて、往来の井井、飛躍の乾乾あらん。一に惟だ其の時のみ。又た何ぞ動静に之れ分かれ、須臾も之れ離るることあらんや。人生まるる有りて自り以来、此の心は常に発す。目の視、耳の聴き、鼻嗅ぎ口味わい、心の思慮*営欲の如きは、之を禁じて発せざらしめんとすと雖も得可からざるなり。

　乃ち発する処に亦た自ら功有りと謂いて、将に助けて之をして発せしめんとするか。抑そも其の発の過ちあるを懼れて、之を禁じて発せざらしめんか。且つ将に其の過ぐるを抑えて、其の及ばざるを引いて、之をして発して節に中《あ》たらしめんとするか。夫れ節は心の則なり。「*識らず知らず帝の則に順う」という。惟だ之を予《あらかじ》め養う者のみ之を能くす。豈に能く之をして発して中たらしめんや。之をして発して中《あ》たらしむるは、*宋人助長の故智なり。後世に謂う所の「事に随いて精察す」にして、其の密かに*憧憧卜度《どうどうぼくたく》の私に陥るを知らず。宜《うべ》なるかな、其の*芒芒然として帰りて病《つか》るるも、苗は已に日に槁《か》るるに就くなり。孟子曰く、「天下の苗を助け長ぜしめざる者は寡なし。…徒《た》だに益無きのみに非ず、而も又た之を害せり」と。甚だ其の不可なるを言うなり。之を禁じて発せざらしむるは、是れ又た其の生生の機に逆らう。「*克伐怨欲《こくばつえんよく》行われざる」と何を以て異ならんや。*夫子、蓋し、嘗て之を難しとす。仏氏も亦た*守念を下乗と為す。以《ゆえ》有るかな。助けて之をして発せしむるは、欲を長じ情を恣《ほしいまま》にし、*小人の忌憚無き者の為す所にして、日に水火を踏みて其の身を焚《や》き溺れしむるも顧みず。又た其の下なる者なり。

　是の三者は皆な以て学を言うに足らず。学の道は奈何《いかん》。*子思子、道学の其の伝を失うを憂え、上は*堯舜の精一の微に遡り、発して「睹《み》ず聞かざるに*戒謹恐懼す」の旨を為す。夫れ睹ず聞かざるは虚寂の体、天命の性なり。戒懼は之を養う所以なり。之を養いて大本立てば、則ち此れ自《よ》りして発する者は自然に節に中《あ》たらん。天地は此《これ》に由りて位し、万物は此《これ》に由りて育し、功用は位育に至って極まれり。尚お何ぞ感応流行・変化云為の尽くされざる有らんや。*遠きの近きを知り、風の自るを知り、微の顕なるを知る」は、君子の及ぶ可からざる所以か。鄙見、此くの如し。譁然《かぜん》の義に委《つまび》らかなるも未だ当たらざる有り。然れども固より自ら一説を出して以て勝つを求むるに非ず。蓋し、嘗て『易』『庸』に反覆し、管中の窺を得ること有るが似《ごと》し。文公、晩年、痛く逐外の失を悔い、*拳拳として此の処に於いて指点す。前書に具うる所も亦た其の大略のみ。

幸いにして*晴川の同志と共に之を商せよ。倘《も》し猶お未だ当たらざること有れば、往復するを斬《お》しむこと無かれ。外に絶句四首を附し、謹んで原韻を用う。均惟覧教。不悉。（巻八「答東廓鄒司成」第一書）

語釈 ○其の之を疑う所以の者に三説有り＝この三説については『明儒学案』江右王門学案二の聶豹伝にも引用されている。そこでは、聶双江を批判した人物として王龍渓・黄洛村・陳明水・鄒東廓・劉両峰、賛同した者として羅念庵の名が挙げられている。○動も亦た定まり、静も亦た定まる＝『程氏文集』巻二「答横渠張子厚先生書」（『近思録』為学大要篇にも収録）、いわゆる「定性書」の語。○動静は時なり＝例えば、『伝習録』上巻に「定とは心の本体、天理なり。動静は遇う所の時なり」「心は動静を以て体用と為す可からず。動静は時なり」、同中巻「答陸原静書」に「動静は遇う所の時にして、心の本体は固より動静に分かるる無きなり」とある。○井井は其の所に居り／往来の井井＝『易経』井卦の卦辞の語。人は井戸に水を汲みに来て、汲んでは帰る。しかし井戸はいつも静かに澄んでいるの意味。「井井」は潔く静かなさま（『周易正義』）。○龍は淵に潜みて／飛躍の乾乾＝『易経』乾卦初九に「潜龍」、九五に「飛龍」とある。○営欲＝欲望。要求。　○識らず知らず帝の則に順う＝『詩経』大雅・皇矣の語。○宋人助長の故智＝『孟子』公孫丑上篇にみえる「助長」の故事。故智は、先人の試みた策略。○事に随いて精察す＝『論語』里仁篇の「子曰く、参や、吾が、音は一以て之を貫くと。曾子曰く、唯と」に対する朱子の注に、「曾子其の用処に於いて、蓋し已に事に随い精察して力めて之を行えども、但だ未だ其の体の一なるを知らざるのみ」（『論語集注』）とある。○憧憧＝『易経』咸卦九四に「憧憧として往来すれば、朋、爾の思いに従う」とある。憧憧とは気持ちに落ち着きがない様子。思いがしきりに行ったり来たりして心が彷徨うこと。○其の芒芒然として帰りて……日に槁るに就くなり＝『孟子』公孫丑上篇の「助長」の故事をふまえる。○克伐怨欲行われざる／夫子、蓋し、嘗て之を難しとす＝『論語』憲問篇に、「克・伐・怨・欲行われざる、以て仁と為なす可べきかと。子曰く、以て難しと為す可べし。仁は則ち吾れ知らざるなりと」とある。○下乗＝下等。　○小人の忌憚無き者＝『中庸』第二章の語。○子思子、道学の其の伝を失うを憂え＝朱子の『中庸章句』序にみえる語。○堯舜の精一の微＝『書経』大禹謨篇に「人心は惟れ危うく、道心は惟れ微かなり。惟れ精、惟れ一、允に厥の中を執れ」とあるをふまえる。本書の『困弁録』弁中（1）を参照。○戒謹恐懼／不睹不聞＝『中庸』第一章。○遠きの近きを知り、風の自るを知り、微の顕を知る＝『中庸』第三十三章の語。○拳拳＝大切にささげ持つ。『中庸』第八章に「拳拳服膺」とある。○晴川＝地名か。

○鄒東廓への書簡（3）～顕微動静内外を貫いて一体とす～

玄潭では手厚くご教示頂いたものの、頑迷な性格によって万に一つも承受出来ないでいることを自ら恥じております。お手を煩わし、丁寧懇切に教諭して頂きましたが、尽きることのない他人への愛がそのようにさせるのでしょう。お手紙ではこのように言われます。「学問の道は、外に追い求めるものではなく、かといって内なる心ばかりに捉われてもならず、内外顕微を貫いて一体とするものでなければならない。ここそが、まさにわが一党が今日、力を入れるべき所なのである」と。これまでになんとかこの所を理解しようと努めてみましたが、それが出来ずにいます。憚りながらも尊意を推し量りますに、「良知を致す」ことで、内外顕微を貫いて一体にすることが出来るとおっしゃっているのでしょう。そもそも「良知」の二字は『孟子』に始まります。「二、三歳の幼児でさえも、学習したりあれこれと考えたりしなくても、自然に親を愛し兄を敬うことを知っている」というのは、幼児の心が純粋で澄み切っているからです。「仁義にもとづいて行動する」「大人《たいじん》はその赤子の心を失わず」というのもまた、その心が純粋で澄み切っていて、赤子そのものだということです。それならば、「良知を致す」とは、「親に対しては愛し」「兄に対しては敬う」といったように、心が動いた時点で工夫を施すことをいうのでしょうか。あるいは、先に述べた純粋で澄み切った心の本体を求めて工夫を施すことで成就するものなのでしょうか。善悪とは一体どこに存在するのでしょうか。虚霊なる心の本体について言えば、純粋かつ至善（究極の善）であって、もともと悪など存在しません。念慮や行為として具体的に現れることで善悪は生じますが、この時点でわが良知を致し、たとえ『論語』にいう「知っていることは知っているとし、知らないことは知らないとする」といった工夫を施したとしても、これは『孟子』にいう「義襲（外側から強引に襲い取る）」と何ら変わりません。つまり、「良知を致す」とは、自身の虚霊なる本体の容量を十分に満たして天下の大根本を確立し、こうすることで念慮や行為が正しく発動するようにしておくことです。これが顕微内外を貫いて一体にするということです。陽明先生の詩に、「ただ根本より生死を求め、支流において濁清を弁ずるなかれ」とあります。ここでいう根本と支流とは、一体どこから分けられるというのでしょうか（一貫しているので分けることは出来ない）。良知を根本とみなしておきながら、顕微内外については、支流とは別の何かを指し示しているのでしょうか。そもそも工夫を行う上では、根本を確立し本根に帰一することに努めるべきであって、顕微内外については、わざわざ論じるまでもないのではないでしょうか。もし貴方が言われるようなものであるなら、『中庸』『大学』『易経』にいう「微かなことほどかえって明らかになることを知る」「静は動の根となる」「中に誠があれば外にあらわれる」「内側がまっすぐであれば、外側が方正でないことはない」は、いずれも間違っているとでもいうのでしょうか。私が、虚を致し寂を守って未発の中を求めるのは、まさしく顕微動静内外を貫いて一体にするためなのです。たとえ、感応の現場がわが前に出現交錯したとしても、根本に帰一する工夫は、一瞬たりとも自身から離れることはありません。それなのに、先後に分けてしまっていると言われるのであれば、私の本来の意図とは全く相容れません。（巻八「答東廓鄒司成」第三書）

書き下し文

玄*潭*連床の教え、自ら執迷にして以て万一を仰承するに足らざるを愧《は》づ。又た道を諭すの諄切なるを煩わす。何ぞ人を愛するの已《や》む無きや。来諭に云う、「学問の道は、敢えて外を逐わず、必ずしも内を専らにせず、内外顕微を貫きて之を一にするものなり。此れ正に吾が輩今日功を用うるの処なり」と。蓋し、嘗て其の処を求むるも得ざるなり。竊《ひそ》かに尊意を料《はか》れば、「致良知」の三字を以て、以て内外顕微を貫きて之を一にするに足る者と謂う無きか。夫れ「*良知」の二字は孟子に始まる。「*孩提の童、学ばず慮らずして愛するを知り敬うを知る」は、真純湛一なればなり。「*仁義に由りて行なう」「*大人は其の赤子の心を失わず」も亦た、其の心の真純湛一を以てし、即ち赤子なるなり。然らば則ち良知を致すは、将《は》た其の愛すると敬うとに於いて之を致さんか。抑《そも》そも所謂《いわゆ》る真純湛一の体を求めて之を致すを、以て得手と為すか。但だ善悪、何《いず》れの処に安在するかを知らざるのみ。若し虚霊の本体を以て之を言えば、純粋至善にして、原《も》と悪の対する無し。念慮事為の著れて所謂る善悪となる者に於いて吾が知を致すが若《ごと》きは、縦使《たと》い「*之を知るを之を知ると為し、知らざるを知らざると為す」も、*義襲と何ぞ異ならん。故に致知は、必ず其の虚霊本体の量を充満して以て天下の大本を立て、之をして発して良からざること無からしむれば、是れ顕微内外を貫きて之を一にすと謂うなり。*先師に詩有りて云う、「只だ根本従《よ》り生死を求め、支流に向かいて濁清を弁ずる莫かれ」と。其の指す所の根本支流は、何《いず》れの処従《よ》り分別せん。豈に良知を以て根本と為して、顕微内外を以て支流の別に指す所有りとせんや。抑《そも》そも豈に功を用うるの処を以て、要は本を立て根に帰するを以て務めと為し、顕微内外は倶に論ぜざる所に在らんや。若し然らば、則ち「*微の顕なるを知る」「*静は動の根と為る」「*中に誠あれば外に形わる」「*内直なれば、則ち外方ならざる無し」は、此れ皆な非なるか。僕の、*虚を致し寂を守りて以て未発の中を求むと謂う所以は、正に顕微動静内外を貫きて之を一にせんと欲すればなり。

縦使《たと》い、感応の吾が前に顕見交錯するも、根に帰するの一段の工夫は、少しも須臾も離るること有るべからざるなり。而るに先後を以て分かつというは、実に鄙人《ひじん》の初意を少《か》くなり。（巻八「答東廓鄒司成」第三書）

語釈　○玄潭＝地名。懸潭ともいう。江西省吉安府吉水県。　○連床＝直接会って懇切に教えを受けること。　○「良知」の二字は孟子に始まる＝『孟子』尽心上篇。　○孩提の童、学ばず慮らずして愛するを知り敬うを知る＝同右。　○仁義に由りて行なう＝『孟子』離婁下篇の語。○大人は其の赤子の心を失わず＝『孟子』離婁下篇の語。　○之を知るを之を知ると為し、知らざるを知らざると為す＝『論語』為政篇の語。　○義襲＝『孟子』公孫丑上篇の語。内側から自然に生じるのではなく、外側から強引に襲い取ること。　○先師に詩有りて云う…＝『王文成公全書』巻二十外集二「次謙之韻」に見える詩の一節。　○微の顕なるを知る＝『中庸』第三十三章の語。　○静は動の根と為る＝周濂渓「太極図説」に「一動一静、互いに其の根と為る」をふまえるか。　○中に誠あれば外に形わる＝『大学』第六章の語。　○内直なれば則ち外方ならざる無し＝『易経』坤卦文言伝に、「敬以て内を直くし、義以て外を方にす」とある。　○虚を致し寂を守り＝『老子』第十六章の語。

陳明水への書簡

○陳明水への書簡（1）～独はすなわちこれ未発の中～

真の理解に達することのないまま、聖学に盲従して四十余年。ひたすら先師（王陽明）の教えに本づいて研鑽し、その教えの中から自らの心に合致する所を抜き出して『伝習録節要』に収録しました。これまで『易経』大伝（十翼）『大学』『中庸』を参究し、さらに周濂渓・二程子（程明道・程伊川）・李延平・朱晦翁（朱子）・陳白沙の学を参究し、我が心に得るところがあれば、信じて疑いませんでした。「精密な考察をされている」と言われますが、これは過分な誉め言葉ではないでしょうか。

以前、諸公は、懇ろに意を尽して私に教えて下さいましたが、実際に意見が一致するには至りませんでした。これは諸公が私を認めることが出来なかったのではありません。私が諸公を認めることが出来なかったのです。お手紙に「『中庸』にいう『独を慎む』は『中《ちゅう》を致す』ための方法であり、『中を致す』は『和を為す（和を致す）』ための方法である」云々とおっしゃっていますが、この説き方は十分ではありません。思いますに、「中を致す」の外に別に「和を致す」工夫はなく、「独を慎む」の外に別に「中を致す」工夫はありません（聶双江は致中と慎独とは同じ工夫と考える）。「独を慎む」ことで「中」「和」が生み出されると言うならば、それは今の道家の流れを汲む者たちが、天地の上にさらにまた元始天尊を推戴しているようなもので、床の上にさらに床を敷き、屋根の下にさらに屋根を架けるといった誤りを免れません。堯・舜・禹の三聖が授受して伝えたのは、ただ「中《ちゅう》を執れ」の教えだけで、「独」を説くには至りませんでした。思いますに、「独」とはつまり「未発の中《ちゅう》」のことで、五感がはたらきだす前の隠微（深淵神妙）な心の状態で、天下の大根本です。人が生まれ落ちてこのかた、ただこの「未発の中」があるのみです。学問とはここにあるのみです。自らこれを獲得し、自らこれを尊重するものであって、他人がわずかながらも関与できるものではありません。それゆえに「未発の中」を「独（絶対至高の存在）」と言うのです。そうであるのに、「独」のことを「独知」とするならば、本来絶対安泰の所にあるべき「独」が外物に交わることで心の外に引っ張り出されることになり、家の堂（表座敷）下の衆人の中に足を踏み入れることから免れません（「独」を「独知」と言ってしまえば、未発から已発の次元に引き下ろすことになる）。どうして森羅万象を主宰する存在となり得ましょうか。これが私が諸公と合致しない点の一つ目です。（巻十一「答陳明水」）

余説 陳明水（一四九四～一五六二）は、名は九川、字は惟濬、号は竹亭・明水。江西省撫州府臨川県の人、正徳九年の進士。王陽明が「致良知」説を提唱し始めた初期に、贛州（江西省贛州市）で直接教えを受けている。陽明門下の高弟の一人で、陽明晩年の円熟した思想を学んでおり、その立場から聶双江の帰寂思想を厳しく糾弾した。『伝習録』下巻には、陳明水（陳九川）が記録した王陽明の語録が収録されている。なお、明水の墓碑「礼部郎中陳明水先生墓碑」は聶双江の撰である（『聶豹集』巻六所収）。

聶双江は、右の書簡の冒頭で、自らの思想を形成する過程で大きな影響を受けた経典や思想家について語っている。ここから、双江は、王陽明に大きな影響を受けつつも、経典では『易経』『大学』『中庸』、思想家では周濂渓・二程子（程明道・程伊川）・李延平・朱晦翁（朱子）・陳白沙を熱心に研究していたことがわかる。以下、双江は、陳明水をはじめとする陽明門下の諸公たちと意見が一致しない四つの点について述べる。

書き下し文 某、*自ら度《わた》さず、妄りに此の学を意《おも》うこと四十余年。一に先師の教えに本づきて之を*紬繹し、『*節要』に録して之を備う。已にして乃ち之を易伝・学・庸に参じ、之を周・程・延平・晦翁・白沙の学に参じ、若し我が心に獲ること有れば、遂に信じて疑わず。而るに「精密を加う」と曰うは、無乃《むし》ろ誉むるの太《はなは》だ過ぐるにあらんや。

昨《かつて》、諸公、枉《ま》げて教うるも、誠に合せざるを以て罷《や》む。諸公の僕を諒とする能わざるに非ず。

僕の諸公を諒とする能わざるなり。来諭に、「『*独《どく》を慎む』は即ち『*中《ちゅう》を致す』所以にして、『中を致す』は即ち『*和を為す』所以なり」云云と謂うが如きは、又た何ぞ説き得ん。蓋し、「中を致す」の外に別に「和を致す」の工夫有り、「独を慎む」の外に別に「中を致す」の工夫有るに非ざるなり。其の独を慎みて而る後に中和出づと謂うこと有るは、猶お今の道家者流の、天地の上に於いて又た一個の元始天尊を推出するがごとくして、床に駕して屋に畳するを免れず。三聖は授守して只だ「中を執る」を説くのみにして、未だ嘗て独には及ばざるなり。蓋し、独は即ち是れ未発の中、聞かざるの隠、睹《み》ざるの微、天下の大本なり。人生まれて只だ此の件有るのみ。学問は只だ此の処有るのみして、我自《よ》り之を有し、我自《よ》り之を尊び、他人は些《さ》子《し》も与《あずか》り得ず。故に之を独と謂う。而るに独を謂いて*独知と為せば、已に是れ*物に交わりて引いて之を外に出だし、*堂下の衆人の中に雑《まじ》わるを免れず。豈に能く万象の主と為らんや。此れ僕の諸公に合せざる所の者の一なり。（巻十一「答陳明水」）

語釈 ○自度＝仏教語。自己を悟りの彼岸に渡すこと。○紬繹＝抽繹に同じ。演繹。抜き出して押し広げる。○節要＝『伝習録節要』のこと。聶双江は当時、『伝習録』の前編（現在の上巻に相当）が軽視されていたことを残念に思い、前編の中から自らの心にかなう四十四条を抜粋して『伝習録節要』を作成した。○独を慎む／中を致す／和を為す＝『中庸』第一章に、「…故に君子は其の独を慎むなり。喜怒哀楽の未だ発せざる、之を中と謂う。発して皆な節に中《あ》たる、之を和と謂う。中なる者は天下の大本なり。和なる者は天下の達道なり。中和を致し、天地位し、万物育す」とあるを踏まえる。　○独知＝右の「独」に対する朱子の注に、「独は、人の知らざる所にして己の独り知る所の地なり」（『大学章句』）とある。陽明門下では「独知」が「良知」の別称としてしばしば用いられた。　○物に交わりて引いて之を外に出だす＝『孟子』告子上篇に「物、物に交われば、則ち之を引くのみ」とあるを踏まえる。　○堂下の衆人＝堂は家の表座敷。『論語』先進篇に「由や堂に升れり。未だ室に入らざるなり」とある。

○陳明水への書簡（2）〜聶双江の「格物致知」解釈〜

お手紙には、「良知は未発の中であり、天下の大根本である。この未発の中を致すことが、つまり天下にあまねく実現すべき道である」とおっしゃいます。この数語は非常に的を得ています。「物（外物にふれて動いた心）を格《ただ》してその知（良知）を致す。喜怒哀楽の物が格《ただ》されて良知が致される」。かつて諸公からこの説を聞きました。その真意を心に求めてみましたが、数年を経ても納得するには至りませんでした。もし自ら妥協してまるくおさめた理解をしたとしても、それは自らを欺いて「義襲（義を外側から強引に襲い取る）」の巣窟に入り込んだのであり、『論語』にみられる「克（人に勝とうとする）伐（自らの功績をほこる）怨（人を怨み憎む）欲（欲張り貪る）の思いが生じたら、抑制してそのままにしておかない」（憲問篇）という強引なやり方と同じであって、先に述べた「この未発の中を致すことが、つまり天下にあまねく実現すべき道である」の意味とわずかに齟齬が生じてしまいます。「物」とは、心が外物と感応した後の痕跡であり、「寂」とは感応の本体（つかさどるもの）であり、『易経』繫辞上伝にいう「寂然不動、感じて遂に天下の故《こと》に通ず（ひっそりと静まりかえって微動だにしないが、いったん外物に感応すると天下のあらゆることに通じる）」なのです。これが私の致知格物の説であり、諸公の説と合致しない点の二つ目です。

お手紙では、私の「致」の解釈は先師（王陽明）の解釈と異なるとおっしゃいます。どうして自らを欺いてまで先師と同じである必要がありましょう。〔先師と同じではないかもしれませんが〕かえって、『中庸』にいう「中を致す」「曲を致す」「広大を致す」の「致」と同じ意味になりはしないでしょうか。本来虚霊で寂然不動の心の本体を拡充存養して、それが少しも意念や私欲で蔽われることがなければ、これが『易経』繫辞下伝にいう「義を精にして神《しん》に入る」であり、あらゆるはたらき（用）はここから自然に生じてくるのです。感応とは、良知が外物にふれて反応した痕跡です。それなのに、良知を致すとは、心が外物に感応したところで致すのだとおっしゃいます。外物は人の心を感《うご》かして止《とど》まることがなく、また人の好悪の感情には節度がありません。心は雷光や波影のように外物と一緒になって動き回り、まるで水車のようにせわしい状態であるのに、〔そのような状態の心に工夫を施したところで〕静寂な時が訪れることなどありません。先師はおっしゃっているではありませんか。「世の儒者は自らの心を捨てて外物を追い求めている。格物の学を誤認して、己の外に馳せ求め、終日ひたすら強引に襲い取ろうとしている」と。今あなた方が論じられている内容とは異なっていることがわかります。思いますに、『大学』における全ての工夫は、「至善に止《とど》まる」の一語に要約されます。止《とど》まるべきところを知れば、安定し（定）、平静を得（静）、安らかな境地に至り（安）、正しく思慮が発動するようになります（慮）。この正しく思慮が発動することがつまり格物です。止《とど》まるべきところを知るとは、つまり〔良知を〕致すことを知ることとです。定・静・安とは、『大学』の八条目にいう意が誠になり、心が正され、身が修まることとです。先儒がこの『大学』の一節によって致知格物の意味を解釈したことは、大きくは間違っていません。以前に諸公が格物を知止とし、定・静・安・慮を格物の工夫と解釈していると聞きました（聶双江は、止至善・知止（止《とど》まるべきところを知る）を致知の工夫、定・静・安・慮を格物と考える）。そうであるならば、定・静・安・慮の四字をなにゆえ格物（＝知止）の上に置く必要があるのでしょうか。たとえ〔『大学』を伝えたとされる〕曾子が今の時代に生まれて再び教える機会があったとしても、このような解釈を受け入れるはずがありません。〔諸公は〕生涯、熱心に「格物」を談じて已《や》みませんが、いまだかつて一語として〔同じく『大学』にいう〕知止・定・静のところに言及したことはありません。これが私が諸公と合致しない点の三つ目です。（巻十一「答陳明水」）

余説 ここでは、聶双江の「致知格物」解釈と、陽明門下における解釈が全く合致しないことを論じている。王陽明は「致知格物」について、「私がいう致知格物とは、わが心の良知を事事物物の中にあって致すことである。わが心の良知はいわゆる天理にほかならない。わが心の良知の天理を事事物の中にあって致せば、事事物物はみなその理にかなうことになる。わが心の良知を致すことが致知である。事事物物がみな理にかなうこと（かなうようにすること）が格物である」（『伝習録』中巻「答顧東橋書」）と説いており、双江がここでいう諸公の説と言っているものと同じである。つまり、双江は、諸公の説と言いながら、実は王陽明の「格物致知」解釈を否定していることになる。双江の「致」の解釈が先師（王陽明）と異なると陳明水に指摘されても、先師と同じである必要はないとまで言い放っている。自説は王陽明の説と一致するとつねづね言っておきながら、自説と合わない所はあっさり切り捨てるところがみられ、その点を陽明門下から厳しく追及されることになる。さて、双江の「致知格物」解釈についてであるが、「致知」を「良知を致す」と読んでいる点では王陽明と変わらないが、その意味は「虚霊の寂体を充養する（本来虚霊で寂然不動の心の本体を拡充存養する）」ことであるとする。「格物」については、感応した後の痕跡であるとし、あくまでも効験（工夫の結果としてあらわれる現象）にすぎないと考える。つまり、心が物事にふれてすでに動き出した状態で工夫を施しても手遅れであるとし、心が動き出す前にあらかじめ「虚霊の寂体を充養しておく」（＝致知）ことで、その後、心は正しく発動する（＝格物）ようになるという。これを「格物に工夫なし」「動処に工夫なし」とも言っている。ただ、『大学』を素直に読めば、「格物⇒致知」という流れで読むのが自然であり、双江のように、「致知⇒格物」と読むのは無理がある。

また双江は、『大学』における全ての工夫は「至善に止まる」の一語に要約されるとし、これを致知の工夫と解釈し、それにつづく「定→静→安→慮」の「慮」を格物と解釈する。諸公は常々「格物」について論じて已まないのに、『大学』のこの部分（知止・定・静・安・慮）に言及することがないのはどういうことかと疑義を呈している。

書き下し文　来諭にいう、「良知は*未発の中、天下の大本なり。之を致すは便ち是れ天下の達道なり」と。此の数語は的当なること甚だし。「*物を格《ただ》して以て其の知を致す。喜怒哀楽の物格《ただ》されて良知致さる」、蓋し、嘗て是の説を諸公に聞けり。諸《こ》れを心に求むるも得ざること数年。縦使《たと》い*矜持《きょうじ》して十分*恰好《かっこう》の処に到るも、已に是れ*義襲の*科臼《かきゅう》に賺入《たんにゅう》し、『*克伐怨欲、行われざる』者と一様の作法にして、又た上文の「之を致すは便ち是れ天下の達道なり」と、語意微かに同じからず。物は是れ感応の跡、寂は是れ感応の体、「*寂然として動かず、感じて遂に天下の故《こと》に通ず」、此れ区区の致知格物の説にして、諸公の説と合せざる者の二なり。

来論謂う、鄙人《ひじん》の致の字を看るは先師と看得て同じからずと。敢えて自ら誑《たぶらか》して以て同ずることを為さんや。却て「*中を致す」「*曲を致す」「*広大を致す」の致の字と同じきを看得たり。虚霊の寂体を充養して、一毫の意欲を以て自ら蔽わざれば、是れ「*義を精にして神《しん》に入る」と謂い、用は其の中に在るなり。感応は是れ良知の*応跡なり。而るに良知を致すは感応の上に在りて之を致すと曰う。*物の人を感《うご》かすこと窮まり無く、而して人の好悪は節無く、*電光波影のごとく物と*輪廻すること*翻車の若《ごと》く然れば、復た*端拱*清穆の時有る可けんや。先師云わざるか、「*世儒、心を捨て物を逐う。格物の学を将《もっ》て錯り看了《おわ》り、外に馳求し、終日只だ個の義襲いて取るを做《な》し得るのみ」と。又た自ら今の論ずる所と同じからず。蓋し、『*大学』の全功は、要は「致善（至善）に止まる」の一語に在り。止まるを知れば則ち能く定まり、能く静かに、能く安らかに、能く慮る。慮るは即ち格物なり。止まるを知れば則ち致すを知る。定・静・安は、*誠・正・身・修なり。先儒、此の節を以て致知格物の義を釈すと為すは、当に甚しくは謬《あやま》らざるべし。曩《さき》に聞く、諸公、格物を以て止まるを知ると為し、定・静・安・慮を以て格物の工夫と為すを。知らず、定・静・安・慮の四字を格物の上に何を以て安頓せんや。即使《たと》い*曾子面授すとも、敢えて命を奉ぜざらん。終年、格物を談じ、矻矻《こつこつ》として口を離れざるも、曾《かつ》て一語も知止・定・静に及ぶこと無し。此れ僕の諸公に合せざる者の三なり。（巻十一「答陳明水」）

語釈 ○未発の中／天下の大本／天下の達道＝『中庸』第一章に、「喜怒哀楽の未だ発せざる、之を中と謂う。発して皆な節に中たる、之を和と謂う。中なる者は天下の大本なり。和なる者は天下の達道なり」とある。この部分の双江の解釈については、本書の『困弁録』弁中（2）を参照。○物を格して以て其の知を致す。喜怒哀楽の物格されて良知致さる。＝聶双江はこれを諸公の説とするが、実は王陽明の説でもある。右の余説を参照。○矜持＝己を抑制し慎む。○恰好＝過不及がなくちょうどよい。○義襲＝『孟子』公孫丑上篇の語。○科臼＝窠臼。ありきたりの型。○克伐怨欲行われざる＝『論語』憲問篇の語。○寂然として動かず、感じて遂に天下の故に通ず＝『易経』繋辞上伝の語。○中を致す＝『中庸』第一章に「中和を致す」とある。○曲を致す＝『中庸』第二十三章の語。○広大を致す＝『中庸』第二十七章の語。○義を精にして神に入れば用は其の中に在り＝『易経』繋辞下伝の語をふまえる。○応跡＝事物に応じたその跡。○物の人を感かすこと窮まり無く＝『礼記』楽記篇の語。○電光＝いなびかり。いなずま。○輪迴＝輪のようにぐるぐるまわる。○翻車＝水車。○端拱＝閑適自得。清静無為。○清穆＝清静。清和。○世儒心を捨て物を逐う…義襲いて取るを做し得るのみ＝『伝習録』上巻にみえる語。○『大学』の全功は要は…＝『大学』経一章に、「大学の道は明徳を明らかにするに在り。民に親しむに在り。至善に止まるに在り。止まるを知りて後に定まる有り。定まりて後に能く静かなり。静かにして後に能く安らかなり。安らかにして後に能く慮る。慮りて後に能く得たり」とあるを踏まえる。○誠正身修＝意が誠になり、心が正され、身が修まること。『大学』経一章。〇曾子＝孔子の門人。古来、『大学』の編纂には曾子が大きく関わっているとされてきた。朱子は『大学章句』で、『大学』の経一章は「蓋し、孔子の言にして曾子之を述ぶ」、伝十章は「則ち曾子の意にして門人之を記すなり」とする。

〇陳明水への書簡（3）～義を精にして神に入る～

お手紙に、私が格物を甚だ軽視し、『易経』繋辞下伝にいう「義を精にして神《しん》に入る」を別に致知の工夫とみなしているとおっしゃいますが、誠にその通りです。格物の「物」の意味は本来軽いものです。「義を精にして神《しん》に入る」とは本来、致知の工夫です。『易経』繋辞下伝に、「義を精にして神に入れば以て用を致すなり」と言っています。「用を致す」がまさに格物に当たります。同じく繋辞下伝に「屈（縮まる）と信（伸びる）が互いに感応して（作用し合って）利が生じる」と言い、続けて「尺蠖《せきかく》の屈（尺取り虫が前進する前に、いったん体を縮めること）」「龍蛇の蟄（龍や蛇が身を長く保つために、いったん地中に身を隠すこと）」の例を用いてはっきりと説明しています。その意味するところは自然とみてとれるはずです。尊兄（陳明水）がかつて戯れて、「腐蟲、穀道より出《い》づ（ウジ虫が肛門から這い出て来る）」と言われたことを覚えております。これは戯れが過ぎているだけではなく、『易経』の理解があまりにもお粗末ではないかと思われます。そもそも、収斂して集中することを「屈（縮まる）」と言い、極点に達して発散することを「信（伸びる）」と言います。「用を利して身を安んずる」ことを「利」と言います。「屈と信が互いに感応して利が生じる」とは、天地が万物を次々に生み出すはたらきを言っており、万物の感応の根本原理を言っています。「物と身・心・意・知とは一体である」、かつてこの説を聞いて疑念を抱きました。心とは身を生み出す母体であり、先祖で言えば始祖のようなものです。心の霊妙なるはたらきは、気を集合させて形を創成します。先ず心があってはその後に身があり、その後に知があり意があります。そして意が及ぶ所が物です。身は高祖・曾祖に譬《たと》えられ、知は祖に譬えられ、意は父に譬えられ、物は家族に譬えられます。使用人に代りに耕作させたり、家庭内の仕事をまかせたり、生活に欠かすことのできない事を代わりにやってもらうことについては、これを同一の気のはたらきと言ってもかまいません。もし子を指して父とし、父を指して祖とし、祖を指して高祖・曾祖とし始祖とするならば、何重もの公案（官庁の調書）に隔てられて、影や響きのように実態のないものに転落しかねません。ましてや家族を指して祖父とすることなどできましょうか。これが僕が諸公と合致しない所の四つ目です。

格物の解釈を巡っては互いに糾弾し合い、各人が自説を固持していますが、最終的には一に帰していくことでしょう。罪は私にあるのです。ひとまず格物についての議論は脇に置いて、『大学』にいう「知止」の一段について研究していくのがよいかと思われます。そうすれば自ずと真実は明らかとなりましょう。（巻十一「答陳明水」）

書き下し文

来諭謂う、僕、格物の字を将《もっ》て看得ること甚だ軽く、故に*精義入神を、別に致知の工夫と作《な》すと。誠に是《ぜ》なり。物の字は本と軽し。精義入神は本と是れ致知の工夫なり。『易』に曰う、「*義を精にして神に入れば以て用を致す」と。「用を致す」の字は方に格物に属す。本文に「*屈信相い感じて利生ず」と言いて、下に*蠖屈龍蟄を引いて以て之を明らかにす。其の義、自ら見ゆ。尊兄、曩時、「*腐蠱、穀道従り出づる」の戯れ有るを記得す。惟だ戯れの太《はなは》だ虐きのみならず、亦た恐らくは『易』の義を見得ること大いに麄浅《そせん》ならん。夫れ斂《おさ》めて入る者、之を屈と謂う。達して出づる者、之を信と謂う。「用を利して身を安んずる」、之を利と謂う。「屈信相い感じて利生ず」、是れ天地生生の機、万物感応の本と謂う。「*物と身心意知とは一為《た》り」、嘗て其の説を聞いて之を疑えり。心は是れ身を生ずるの始め、猶お始祖のごときなり。霊明、気を合わせて以て形を成す。心有りて而る後に身有り、而る後に知有り意有り。而して意の及ぶ所は則ち物なり。身は之を高・曾に譬う。知は之を祖に譬う。意は之を考に譬う。物は之を家衆に譬う。*使令に給して代わりて耕作し門戸を*勾当せしめ、闕《か》く可からざる所以の者は、之を一気と謂いて可なり。使《も》し子を指して父と為し、父を指して祖と為し、祖を指して高・曾と為し、始祖と為せば、恐らくは幾重の公案に隔てられて、未だ影響*に落ちざること有らざらん。況んや家衆を指して祖父と為す可けんや。此れ僕の諸公と合せざる所以の者の四なり。

格物、訟を成し、各おの一説を持すれども、竟《つい》に能く一に帰せん。罪は僕に在るなり。姑《しば》らく之を置き、只だ知止の一段を将《もっ》て研究するに若《し》かず。自ら精義有らん。(巻十一「答陳明水」)

語釈 ○精義入神／義を精にして神に入れば以て用を致すなり／屈信相い感じて利生ず／用を利して身を安んずる／蠖屈龍蟄＝『易経』繋辞下伝の語。 ○腐蟲穀道従り出づ＝うじ虫が肛門から這い出て来る。 ○物と身心意知とは一為り＝『伝習録』下巻の王陽明と陳明水との問答の中に、王陽明の発言として、「只だ身・心・意・知・物は是れ一件なるを要す」とある。
○使令＝召使い。 ○勾当＝もっぱら担当して処理する。取りさばく。 ○影響＝影や響きのように実態・根拠のないもの。

『白沙先生緒言』序

○『白沙先生緒言』序　～陳白沙は周濂渓・二程子の絶学を継ぐものである～

私はかつて学友と学を語り合う際、必ずと言っていいほど陳白沙先生のことを話題にして称賛し、先生の詩を歌詠して楽しみ、ため息まじりに、「これこそ、周濂渓・二程子の絶学を継ぐものである」と語ったものである。

ある人は言う。「白沙は禅学である。あなたはどうしてこれほどまでに深く慕うのか」と。これに対する私の答えはこうである。そもそも白沙の学を禅とみなす者は、白沙が静虚を主張したことによるのではなかろうか。陽明先生の詩に、「静虚は虚寂にあらず、〈静虚は〉中《なか》に未発の中《ちゅう》がある。中《なか》にあるというが一体何があるのか。何も無ければかえって空っぽとなる」とある。このように中に何もない空っぽの状態を説いているのなら、陽明（白沙カ）の学を禅とみなしてもよかろう。そもそも「人は生まれながら静かなる存在で」、「心はもともと虚であり」、この静虚こそが天の性質なのである。ただ、かの禅家はこのところを追求するばかりで高遠に過ぎ、『礼記』楽記篇の「人は生まれながら静かなる存在である」以降の一段（礼節・音楽・刑罰・政令を実施して天下の秩序を正す必要性を説いている部分）については全く考究せず、根塵（六根六塵）を寂滅とし、倫理を軽視し、天下の秩序を維持するために必要な礼節・音楽・刑罰・政令を実施することには無関心である。つまり、これでは天下国家を治めることなどできない。白沙がこのようであったことはない。白沙の詩に言っているではないか。「多病の生涯で、成長してからは母に寄り添った。孤臣《われ》、たとえ生命の危険にさらされるようなことがあっても、どうして主君を忘れることなどがあろうか」と。またいう。「典籍をとことん読み尽くしたが、結局のところ自身に補益するところはなかった。〔一方で〕ただ静坐ばかりして座布団の上で老いていくだけならば、全くもって枯木と変わらない」と。さらにいう。「六経はことごとく心の虚無の中にある。万理はすべて外物との感応の中に帰一する」と。さらにいう。「虚無の中からは昭昭《しょうしょう》として（少しも不明瞭なところがなくはっきりと）外物に応じる。しかし影や響（つまり、すでに発した意念）の上では、なかなか思うように進まず、迷宮に入り込んでしまう」と。さらにいう。「功名を一笑して管仲や晏嬰を卑しむ。六経にいう仁義の勢いは江河よりも盛んである」と。ここにその毫釐《ごうり》千里の差、つまり、わずかな違いがやがて千里もの違いとなって現れるということがはっきりと見て取れる。

今の学ぶ者は、その発端のところ（心の静虚）に求めることなく、日々、宋人の「助長」（苗を引っ張って成長させようとした話）のように力づくで修養に取りくもうとしている。禅だと批判されることを恐れるあまり、仁義を外から襲い取るやり方に安住し、すでに動き出した念慮の上で自らを慎み、事の変化に出くわしてからあれこれと推し測り、道理に依拠し、書籍に依拠し、これこそが格物致知の真実の学であると思い込んでいる。そして、心を内に向けて修養にとりくみ、自己の本性をとことん追及して、「先ず大いなる者を確立しようとする者」（『孟子』告子上）を、皆でかまびすしく禅だと罵るのである。陸象山が無実の罪を着せられて久しい。白沙の学だけがこのような誹りを受けたのではないのである。そこで私は白沙の緒言を編纂し、僭越ながらもその注解を作成した。これは、後世、儒仏の同異を論ずる者がこの点について考究し、そして、静虚の学に対して、喉に食べ物を詰まらせたことで食事自体をやめてしまう、つまり、小事にこだわって大事を捨ててしまうことのないようにと願ってのことである。（巻三「白沙先生緒言序」）

余説

『白沙先生緒言』は、聶双江が深く敬愛していた陳白沙の言葉を編纂して註解を附したもので、右はその自序にあたる。『白沙先生緒言』は、宋儀望の「双江聶公行状」によれば、双江が北京の中央政界にいた期間（嘉靖二十九年〜三十四年）に編纂されているが、その後散逸して現代には伝わらない。

陳白沙（一四二八〜一五〇〇）は、名は献章、字は公甫、号は石斎・石翁・白沙子・碧玉老人などで、白沙先生と称された。広東省新会県白沙里の人。王龍渓が、「我が朝、理学の開端はかえってこれ白沙なり。先師（王陽明）に至って大いに明らかなり」（『王畿集』巻十「復顔沖宇」）と述べているように、陽明門下では陽明心学の先駆者として尊重された。その学は静を主とするもので、静坐によって心を明澄にし、そこから天地宇宙に充満する理を体得しようとするものであった。聶双江はその思想の形成過程で陳白沙から大きな影響を受けており、帰寂思想を確立した後もその書を愛読した。右の自序で双江は、陳白沙の学が禅だと批判されていることに対し、白沙は禅とは異なり人倫社会を遺棄しておらず、この点をしっかり認識すべきであると弁護している。

書き下し文

予、嘗て士友と學を譚《かた》るに、言えば必ず白沙先生を称し、並びに其の詩を歌詠して以て自ら娯《たの》しみ、嘆きて曰く、「此れ*周程の*墜緒《ついしょ》なり」と。

或ひと謂う、「白沙は禅学なり。子、何ぞ慕うことの深きや」と。予曰く、「夫れ白沙の学を謂いて禅と為す者は、其の静虚を主とするを以てするに非ずや。*陽明先生の詩に曰く、「静虚は虚寂に匪《あら》ず、中《なか》に未発の中《ちゅう》有り。中《なか》に有るは亦た何か有らん。之れ無くんば却て空《から》と成る」と。是《か》くの若《ごと》くんば、即ち陽明の学を謂いて禅と為すも亦た可なり。夫れ人生まれて静かなり、*心は本と虚にして、天の性なり。彼の禅氏は之を索《もと》むること高きに過ぎて、「*人生まれて静かなる」以後の一段に於いて、更に省究せず、*根塵を寂滅し、倫理を*鄙夷して、*礼楽刑政の施を屑《いさぎよ》しとせず。之を要するに、以て天下国家を治む可からず。白沙、嘗て此《ここ》に一なること有らんか。其の詩に曰く、「*多病の一生、長じて母に傍《そ》う。孤臣、万死すとも、敢て君を忘れんや」と。又た曰く、「*載籍を閲し窮むるも終に補うところ無し。坐して蒲團に老ゆるは総て是れ*枯なり」と。又た曰く、「*六経、尽く虚無の裡《うち》に在り。万理、都て感応の中に帰す」と。又た曰く、「*虚無の裡面、*昭昭として応ず。影響の前頭、*歩歩として迷う」。又た曰く、「*功名を一笑して*管晏を卑しむ。六経の仁義は江河より沛《さかん》なり」。此《ここ》に其の*毫釐千里の差を*居然として見る可し。

今の学者、其の端を訊《たず》ねずして、日び*宋人の助長に事とする有り。禅を逃ぐるに急にして*義襲に安んじ、念慮に*矜持し、事変に*揣摩し、道理に依傍し、書冊に倚靠し、是《これ》を謂いて格致の実学と為す。而して凡そ心を内に用い、性体を*根究して以て*先ず大なる者を立つるは、率《おおむ》ね*譁然として之を目して禅と為す。*象山の誣《し》いらるること久し。豈に惟だ白沙の学のみ然りと為さんや。予、是《ここ》に於いて其の緒言を纂し、僭して之が註を為すは、後の儒釈を辯ずる者をして、考する所有るを得、静虚の学をして、*噎《むせ》ぶに因りて食を廃せざらしめんがためなり。（巻三「白沙先生緒言序」）

語釈　○周程＝北宋の学者、周濂渓と二程子（程明道・程伊川）　○墜緒＝失墜した学脈。○陽明先生之詩曰…＝『王文成公全書』巻十九・外集一「赴謫詩五十五首」の中の「陽明子之南也、其友湛元明歌九章以贈。崔子鐘和之以五詩。於是陽明子作八詠以答之」にみえる句。　○人生而静＝『礼記』楽記篇の語。　○心は本と虚にして（心兮本虚）＝程伊川「四箴」の視箴にみえる表現。　○「人生まれて静かなる」以後の一段＝『礼記』楽記篇の「人生まれて静かなる、天の性なり」以降の内容のこと。そこでは、人の心は生来、静かで落ち着いたものであるが、そのまま野放しにしておくと、外物によってかき乱され、天理は滅んで人欲が盛んになり、天下は大乱へと向かうので、礼・楽・刑・政を実施して秩序を正す必要性があると説かれている。　○根塵＝六根と六塵。六根とは六つの認識器官（能力）のことで、眼根・耳根・鼻根・舌根・身根・意根の六つの根を指す。六塵とは六境ともいい、六つの認識対象のことで、色境・声境・香境・味境・触境・法境の六つの境を指す。　○鄙夷＝浅薄であると見なして軽蔑する。　○礼楽刑政＝古代中国で、国家を整え秩序を維持するための四つの基本のことで、礼節・音楽・刑罰・政令のこと。『礼記』楽記篇。前掲注を参照。　○多病の一生…＝『陳献章集』巻五所収の七言律詩「病中写懐」の句。○載籍を閲し窮むるも…＝『陳献章集』巻五所収の七言律詩「次韻廷実示学者」の句。　○六経尽く虚無の…＝『陳献章集』巻六所収の七言絶句「与湛沢民」の句。　○功名を一笑して…＝『陳献章集』巻五所収の七言律詩「飲酒」の句。　○枯＝俗世を一切絶って静境で生活し、社会に対して何の貢献もしないこと。『荘子』斉物論篇に「枯木死灰」、徐无鬼篇に「枯槁之士」とあるのと同じ。○昭昭＝明瞭顕著なさま。　○歩歩＝一歩一歩。　○管晏＝管仲と晏嬰。ともに春秋時代の斉の宰相。管仲は桓公に仕え、晏嬰は霊公・荘公・景公に仕え、斉を強国へと導いた。　○千里毫厘＝わずかな違いがやがて大きな差となってあらわれること。『礼記』経解篇に「易に曰く、君子は初めを慎む。差うこと若し毫釐なれば、繆るに千里を以てせんと」とある。『礼記』ではこの語を「易に曰く」とするが、現行の『易経』にはみられない。　○居然＝確かに。はっきりと。　○宋人の助長＝『孟子』公孫丑上篇にみえる語。　○義襲＝『孟子』公孫丑上篇に「…是れ集義の生ずる所の者にして、義襲いて之を取るに非ざるなり」とある。浩然の気は、義の実践を積み重ねることで内側から自然に生じてくるものであって、外側から強引に襲い取れるものではないという。

○矜持＝自重する。慎む。　○揣摩＝他人の気持ちを推しはかる。揣摩憶測。　○根究＝徹底して追及する。　○先ず大なる者を立つる＝『孟子』告子上に「先ず其の大なる者を立つれば、則ち其の小なる者は奪う能わざるなり」とある。南宋の陸象山が好んで用いた語。　○譁然＝かまびすしい。やかましい。　○象山＝南宋の儒学者、陸象山のこと。名は九淵、字は子静、号は存斎、象山先生と称された。江西省金谿の人。朱子と論争し、心を重視するその学は禅と変わらないと批判された。　○噎ぶに因りて食を廃せざらしめん＝食事をして喉を詰まらせたのに懲りて食事をやめること。小さな失敗に懲りて大切なことをやめること。『呂氏春秋』孟秋紀・蕩兵。

『大学古本臆説』序

○『大学古本臆説』序　～帰寂思想の確立～

私は病気療養のため居を山間（翠微山）に移し、この『大学』の書を研鑽して数か月を過ごした。そして、諸家の説を自らの心において追求してみたが、納得するには至らなかった。父師（陽明先生）の言葉であってもやみくもに従うことはしなかった。私が思うに、孔子門下の学とは一つのものによって貫かれている。孔子がいう「一つのもの」（『論語』里仁篇）とは、すなわち、堯が舜に伝授したとされる「中《ちゅう》」である。「中」とは心の本体（心本来の静寂な状態）であり、『大学』にいう「至善」のことではなかろうか。「致知」とは（同じく『大学』の）「至善に止《とど》まる」という十全の工夫である。「格物」とは、「至善に止まる」という工夫の結果生じる神妙なはたらき（妙用）である。「意」とは、外物に感応することで良知から生じてくるものである。「誠」とはその良知の自然な発露であり、「格」とはその変化であり、「致」とは心を寂《しずか》にすることである。心が寂《しずか》になれば外物に神妙に感応し、その感応は速やかにおこなわれるが、こうした心の千変万化も「一つのもの」から生じてくるのである。それなのに、「格物致知」の工夫を事物と感応する動の現場に求めるならば、曾子が事物にしたがって精察し、子貢が多くを学んで知識を身につけようとした際に、孔子が彼らを呼んで教え諭したことは、余計なことだったことになる。ここにおいて私は『大学古本臆説』を著した。これは、私の理解を四方の諸君子に問い質し、これを機縁として御教示を賜りたいと思ったからである。身の程をわきまえずこのような愚挙に及んでしまったが、已《や》むに已まれぬ思いから、本書を著さずにはいられなかったのである。（巻三「大学古本臆説序」）

余説 「解説」の「二・三　四十五歳〜五十五歳」で述べたように聶双江は、嘉靖十六年（一五三七、五十一歳）の夏に、病気療養のため居を翠微山中に移して数か月を過ごしたが、この期間、『大学古本』を研究し、その成果を、嘉靖二十一年（一五四二、五十六歳）冬に『大学古本臆説』として著した。この書は、先の家居十年の間に形成された帰寂思想を『大学』の解釈を通して整理したもので、双江自身もこの書を頗る重視したが、残念ながら現代には伝わってはいない。ただ、宋儀望が著した「双江聶公行状」にその一部が紹介されており、その概要を知ることができる。そこには、格物致知について、「心は猶お鏡のごとし。知は猶お鏡の明のごとし。致知は猶お鏡を磨くがごとし。格は猶お鏡の照のごとし。妍媸は彼に在り。物に随いて之に応ず」「致知は即ち致中なり。寂然不動、天に先にじて天違わず。格物は致知の功用、感じて遂に通ず。天に後れて天の時を奉ず」「未発の中有らば、即ち発して節に中たるの和有り」とあり、ここに帰寂思想の軸となる重要な文句が並んでおり、この時期にすでに帰寂思想が確立していたことが確かにみてとれる。

書き下し文

豹、病にて山間に廃し、是の書を鑽研し、歴《ふ》るに歳時有り。而して諸家の説に於いて、諸れを心に求むれども未だ得ざる有り。父師の言と雖も敢えて*苟従せず。窃《ひそ》かに以《おも》えらく、孔門の学は*一以て之を貫くと。孔の一は即ち*堯舜相伝の中《ちゅう》なり。中《ちゅう》とは心の本体にして、大学の至善に非ずや。致知とは、止至善の全功なり。格物とは、止至善の妙用なり。意なるは、物に感じて知より生ずる者なり。誠は其の順うを言い、格は其の化を言い、致は其の寂にするを言うなり。寂にして以て妙感し、感じて以て速やかに化し、万にして一なる者なり。乃ち若し必ず格致は之を事物の間に求むと為すと謂えば、則ち*曾子事に随いて精察し、子貢多学して是《これ》を識るに、*夫子呼びて之に告ぐるは、已に贅たらざらんや。是《ここ》に於いて著して『臆説』を為す。蓋し、将に諸れを四方の君子に質し、此《これ》に縁りて受教の地と為さんがためなり。僭妄の罪、夫れ復た何ぞ辞せん。（巻三「大学古本臆説序」）

語釈 ○苟従＝盲従。 ○一以て之を貫く＝『論語』里仁篇の語。 ○堯舜相伝の中＝古代の聖王である堯から舜へと伝えられた「允に其の中を執れ」という教え。『論語』堯曰篇、『書経』大禹謨篇にみえる。本文の『困弁録』弁中（1）を参照。 ○曾子事に随いて精察し／夫子呼びて之に告ぐ＝『論語』里仁篇の「子曰く、参や、吾が道は一以て之を貫くと。曾子曰く唯と」に対する朱子の注に、「曾子その用処に於いて、蓋し已に事に随い精察して力めて之を行えども、但だ未だ其の体を一なるを知らざるのみ。…是を以て呼びて之に告ぐ。…」（『論語集注』）とある。 ○子貢多学して是を識り＝『論語』衛霊公篇に「賜（子貢）や、女は予を以て多く学びて之を識る者と為すか。…」とあるをふまえる。

王陽明への書簡

○王陽明への書簡（1）～仕うるは即ち学なり、学は即ち仕うるなり～

広西（思恩・田州地方）における匪賊の反乱を鎮圧され、その戦いぶりを耳にした者はみな震撼しております。凱旋して帰還される日もそう遠くはないでしょう。聖天子は賢者の帰りを首を長くして待っておられます。そして天下の太平を長いこと待ち望んでおられます。私はといえば、一地方（福建）に赴任することになったものの、まだ何も為し得ていません。春正月に福建の地に入りましたが、諸務が堆積していて、一体どこから手をつけてよいやら途方に暮れています。このような状況に立たされてはじめて、これまで学んできた学問が十分なものではないことに気づき、いったい何を拠り所にしてよいのかわからなくなってしまいました。聖人の言葉は、地のように近くにあるようで、〔実際に取り組んでみると〕天のように遠くにあるかのようです。本体がそのまま作用なのであって、作用が本体でなかったことなどありません。『論語』に子夏の発言として、「仕えて余裕があれば学び、学んで余裕があれば仕える」（子張篇）とありますが、僭越ながらも、仕えることと学ぶこととを引き裂いてしまっていることに疑念を抱いております。天下において、どうして仕えることから離れた学などありましょうか。仕えることがとりもなおさず学であり、学がとりもなおさず仕えることです。孔子は十五歳で学に志して、七十歳で「心の思うがままに行動しても規範からはずれることがない」という自在の境地に至りましたが、その間、乗田（家畜を飼育する官）や委吏（倉庫の穀物の出納係）からはじまって司寇（法務大臣）まで職を変転しました。このいずれの職もまた国家を治めるためのものであり、仕えることに外なりません。『論語』に「治めるべき人民がおり、祭るべき社稷（国家）がある」（先進篇）とありますが、これこそが学に外なりません。心に喜怒哀楽が発してそれが視聴言動となって現れます。外物にふれるとそれに心が反応して、『孟子』にいう「惻隠《そくいん》（他人の不幸をあわれみいたむ）」「羞悪《しゅうお》（悪を恥じにくむ）」「辞譲（譲ってへり下る）」「是非（善悪を見抜く）」の情が生じ、さらには、君臣・父子・夫婦・長幼・朋友の道（＝義・親・別・序・信の五倫の道）が生まれます。また、富貴・貧賤・夷狄（未開の地に追いやられること）・患難・死生など、人生にはさまざまな変化が訪れます。ただ、いかなる時、いかなる場所においても、我が良知を発揮すべき状況でない時・場所はありません。私は、四十歳になりながら世に知られるほどのことを成し得ておらず、時期を失して期待に背くばかりです。教えて頂いた言葉は耳に残っていますが、寝ても覚めても恥ずかしさでたまらなくなるのです。経典に違い道理に背くような甚だしい状態にまでは至っておりませんが、これは幸いにも、痛癢を感知する心がまだ完全にはなくなっていないからでありましょう。近頃は、諸々の邪悪な意念は少しは抑制できていますが、ただ暴怒の気だけは、時おり妄発してくることがあります。怒りが発した時、自らは義心であると思っているのですが、すでに怒りにのみこまれて『大学』にいう「忿懥《ふんち》」の心が生じてしまっていることに気づいていません。ごくわずかな違いが千里もの差に広がってしまうのです。『孟子』にいう「集義（義を積み重ねていく）」（公孫丑上）の実践は、それを忘れることがなければ逆に力み過ぎてしまうという意味がようやくわかりました。実際に行うのは非常に難しいものです。いかがでしょうか。仰ぎ望むことで私の心は常に先生のお側にありますが、いまだ馳せ参じてその神妙なる教化をお受けする機縁に恵まれません。慎んでここに人を遣わし、門下にご挨拶を申し上げた次第です。官を辞して参上したいという思いはありますが、一体いつになったら実現できるのでしょう。歳月が過ぎ去るのは川の流れのように速く、私の心は安らかではありません。謹んで思いますのは、道の流布のために身体をお大事になさり、厚くご自愛して天下を慰安してほしいということです。不備。以上の外に、疑念を抱いている事が数条ありますので、以下に附録して教えを請いたく存じます。（巻八「啓陽明先生」）

余説 この書簡は聶双江が王陽明に宛てた三番目の書簡で、嘉靖七年（一五二八）の夏頃に福建の漳州でしたためたものである。王陽明は、その年の二月に広西の思恩・田州における賊の反乱を平定し、その帰路の十一月に亡くなっている。双江のこの書簡への陽明の返書は十月に書かれているが、これは陽明の絶筆に近かったこともあり、『伝習録』中巻に「答聶文蔚」第二書として収められている。双江はこの年の正月に福建に赴任し、意欲的に改革に取り組んでいたが、この書簡はそうした最中に書かれたものである。この時、双江は四十二歳。陽明との面会から二年が経過し、その間に書簡の往復を通して教えを受けてはいたものの、陽明の思想の真髄を悟得するには至らず、五十代で確立されることになる帰寂思想もまだみられない。王陽明は、双江の良知理解に対してまだ至らぬ点が多いと感じていたが、双江の篤実な人柄と学問への情熱には大いに敬服し、その将来に大いに期待する所があった（解説の「二・二　三十四歳～四十五歳」を参照）。

書き下し文 *西粤《せいえつ》の乱、先声至る所、震疊せざる莫し。凱還、当に日下に在るべし。聖天子、*側席して以て待ちて、天下太平の望、*足を跂《つまだ》つこと久し。某、一方を承乏するも、百も能く為す無し。春正を以て閩境に入るも、諸務叢委して、茫として手を下す処無し。始めて、平生の学、*斯れを未だ信ずる能わざるを知り、*立つ所以を患《うれ》う。聖人の言は、近きこと地の如きも、遠きこと天の如し。体は即ち用にして、未だ用の其の体に非ざること有らず。而して、「*仕えて優なれば則ち学び、学びて優なれば則ち仕う」の説、窃《ひそ》かに其の析くことの過ちを疑う。天下に、豈に仕うるの外に学有らんや。仕うるは即ち学なり、学は即ち仕うるなり。*十五の志学自り以て従心に至る、*乗田・*委吏自り以て*司寇に至る。是れ亦た政を為すは仕うるに非ざる無きなり。「*民人有り、*社稷有り」は、学に非ざる無きなり。是の故に、喜怒哀楽の発して以て視聴言動の著わるるに至り、之に感じて惻隠・羞悪・辞譲・是非の情と為り、之に応じて君臣・父子・夫婦・長幼・朋友の道と為り、之に変じて富貴・貧賤・夷狄・患難・死生の来たると為るも、曾て一時一処として吾が良知の当に致すべき所の者に非ざること有らんや。某、*四十にして聞こゆる無く*蹉*跎孤負す。教言は耳に在るも寤寐《ごび》に騰愧《とうき》す。経に詭《たが》い道に畔《そむ》くの甚しきに至らざる所の者は、幸いにして痛癢有るを知るの心、未だ尽くは死せざればなり。近来、*非僻の諸念、稍稍裁抑す。惟だ暴怒の気のみ、時に復た妄発す。其の怒る時に当たりては、自ら以て義と為す。然れども已《すで》に其の*怒りの遷す所と為りて、*忿懥《ふんち》する所有るを覚えず。何ぞ啻《ただ》に千里のみならんや。始めて、*集義の功、忘れざれば則ち助くるを信ず。甚だ力を為し難し。何如何如。瞻望《せんぼう》すること*伊《こ》れ邇《ちか》きも、未だ驤馳《りょうち》して以て神化を需《もと》むるに縁あらず。謹んで此《ここ》に*専人を門下に*奉候す。官を解き、*摳衣に志すこと有るも、何《いず》れの期ならん。歳月は流るるが如く、此の*耿耿《こうこう》を儲《たくわ》う。伏して惟《おも》う、道の為《ため》に珍嗇《ちんしょく》し、厚く自愛して以て天下を慰めんことを。不備。外に疑事数条あり。附録して以て請う。(「陽明先生に啓す」)

語釈　○西粤の乱＝広西の思恩・田州地方に発生した匪賊の反乱。王陽明は、嘉靖六年五月に、この反乱鎮圧を命ぜられ、九月に出発。翌七年二月に乱を平定し、その後故郷へ帰る途中の十一月二十九日に亡くなっている。○側席＝かたよって座る。賢者を待つの意。○跂足＝あしをつまだてて待つ。待ち望む。○斯れを未だ信ずる能わざる＝『論語』公冶長篇に、「子、漆雕開をして仕えしむ。対えて曰く、吾れ斯れを之れ未だ信ずる能わずと。子説ぶ」とある。○立つ所以を患う＝『論語』里仁篇に、「位無きを患えず、立つ所以を患う」とある。○仕えて優なれば則ち学び…＝『論語』子張篇に、孔子の弟子の子夏の発言としてみられる。○十五の志学自り以て従心に至る＝『論語』為政篇に、「子曰く、吾れ十有五にして学に志し、三十にして立ち、四十にして惑わず、五十にして天命を知り、六十にして耳順い、七十にして心の欲する所に従えども矩を踰えず」とある。○乗田委吏自り以て司寇に至る＝孔子の職歴を述べる。『史記』孔子世家を参照。○委吏＝倉庫の穀物の出納係。○司寇＝法務大臣。○民人有り社稷有り＝『論語』先進篇にみえる子路の語。○社稷＝古代中国で、天子や諸侯が祭った土地の神（社）と五穀の神（稷）。朝廷または国家をいう。○四十にして聞こゆる無く＝『論語』子罕篇にみえる語。○蹉跎＝時期を失う。○孤負＝そむく。○非僻＝邪悪。『礼記』玉藻篇の語。○怒りの遷す所と為る＝『論語』雍也篇に「顔回なる者有り。学を好み、怒りを遷さず、過ちを貳たびせず」とある。○忿懥＝『大学』第七章にみえる語。○集義／忘／助＝『孟子』公孫丑上篇に「…是れ集義の生ずる所の者にして、義襲いて之を取るに非ざるなり。…」以下の「助長」の話をふまえる。○伊邇＝『詩経』国風・邶風・谷風にみえる表現。○専人＝使者。○奉候＝貴人のご機嫌をうかがう。○摳衣＝衣の裾をかかげる。古の敬礼。転じて拝趨することをいう。『礼記』曲礼上篇にみえる語。○耿耿＝心が安らかでないさま。気にかかることがあり眠れないさま。

○王陽明への書簡（2）～良知の用は孝弟より切なるものあるなし～

孟子は、「幼い子供でも、その親を愛することを知らない者はいない。成長すれば、その兄を敬うことを知らない者はいない」と言っています。後天的な学習をしなくても、天性〔人に生まれながらに備わっている性質〕にもとづくならば、これこそが真の知です。そして、これが良知のはたらきであり、その良知のはたらきは、「孝弟〔両親に孝行を尽し、兄に従順であること〕」より身に切実なものはありません。『論語』に「孝弟は、仁を実践するための根本であるか」、『孟子』に「堯舜の道は孝弟だけである」「〔わが心に仁義礼智の萌芽である四端を備えもっている者は〕その四端を拡充すべきであることを知っていよう。…〔もし拡充することをしなければ〕父母に仕えることさえまともにできない」とあります。仁義礼楽の実際は、要するに、両親に仕え年長者に従うことにあります。孟子が良知について知り得たことは深いのです。私はかつてこのことを心に反求したことがありますが、心の虚空霊妙なはたらきはもともと燦然と光り輝いているのものの、発散するばかりで収束することがなく、果てしなく広がるばかりで停泊する所がないかのようでした。近頃、良知の学を両親に仕え年長者に従うという教えの中に求めてみますと、拠り所とする所があるように感じました。心に欲念が兆せば、ただちに、「これは孝ではない」と自らを責めることで、たちまち妄念は消え失せます。発言や行動に間違いがあれば、ただちに、「父母を辱めることになる」と自らを責めることで、たちまち慙愧の念で汗が溢れ出ます。是非を判断する心は、全ての人が保有しているものです。今、通りすがりの人や童子をつかまえて、「お前は不孝不弟である」と責め立てれば、誰もが汚物を投げかけられたかのように、むっとして不機嫌になることでしょう。張横渠が著わした「西銘」は中庸（平常）の理を説いているということ、そして、親孝行で知られる曾子が両親から授かった身体を生涯大切にあつかい、臨終の際に手足をひらいて門人らにその身体をみせ、傷ひとつない完全な状態のままで親（天）に返そうとしたその真意、さらには、舜・武王・周公の日常における行動、こうしたことこそがまさに中庸の極致なのだということがようやくわかりました。今の人は孝弟を知らないがゆえに、往往にこれを形式的な儀礼に求め、一念は天理から外れ、行動は天理から外れ、物事でうまく行かないのは全て孝に外れているからだということがわかっていません。良知の工夫実践は、こうして浅薄なものとなってしまっています。孟子は「大人《たいじん》（大徳を有する人）は、赤子のような純真無垢な心を失わない者である」と言ってます。赤子の心とはいかなるものでしょうか。両親を愛し年長者を敬う心です。『易経』の繋辞下伝に、「天下に何を思いわずらうことがあろうか。天下の物事は、帰する所は同じなのにそこへ至る道は異なり、結果は一つなのにあれやこれやと思い煩う」とあります。私は、明教を実践するにあたり、両親に仕え年長者に従うということにおいて、先生が説かれている良知の学を追求しようと思っています。いかがでしょうか。（巻八「啓陽明先生」）

余説 この王陽明への書簡には、聶双江の疑問点が四条にわたって記されているが、この部分はその最初の条の後半部分にあたる。「解説」にも記したように、聶双江の帰寂思想は、嘉靖十年（一五三一、四十五歳）からの家居十年（特に五十一歳以降）の間に形成され、その前後で思想が大きく変化している。この書簡が書かれたのは嘉靖七年（一五二八、四十二歳）で、帰寂思想はまだみられないが、帰寂思想が確立する以前の双江の思想の特色がみてとれる。双江は、幼少の頃から「孝」を非常に重視したが、王陽明の教えを受けたことで、この時期、「良知の学」を「孝弟」に軸にすえて理解し、実践しようとしていたことがみてとれる。こうした双江の良知理解に対して陽明は、その返書において、「自分で実行する分には確かに頼りになる考え方かもしれないが、これを定説として人に教えるには、薬が原因でかえって病気を引き起こす危険性がないとは言えない」（『伝習録』中巻「答聶文蔚」第二書）とし、我々がなすべきはただ「至誠のまごころを尽す（真誠惻怛を致す）」だけであると述べて暗に戒めている。つまり、事あるごとに「孝弟」を意識している時点で、すでに作為を発動しているのであって、良知が本来持つ力を十分に信じ切れていないというのである。

書き下し文

孟子曰く、「*孩提《がいてい》の童は、其の親を愛するを知らざる無し。其の長ずるに及びてや、其の兄を敬うを知らざる無し」と。学習を待たずして天性に本づけば、此れ真知なり。則ち是れ良知の用は、孝弟より切なる者有る莫し。「*孝弟なるものは、其れ仁を為すの本か」「*堯舜の道は孝弟のみ」「*皆な拡して之を充たすを知る。…以て父母に事《つか》うるに足らず」という。而して、仁義礼楽の実は、之を要すれば、親に事え長に従うの間を以てす。是れ孟子は良知に得ること有るや深し。某、嘗て*諸《こ》れを心に反求す。*虚霊の用、固より自ら*燦然たるも、出づること有るも入ること無く、*超忽*茫蕩として輳泊《そうはく》する無きが若《ごと》し。近来、之を親に事え長に従うの間に求むれば、便ち持循する所有るを覚ゆ。如《も》し一念の欲、方に萌《きざ》せば、輒ち自ら訟《せ》めて「是れ孝に非ざるなり」と曰えば、則ち罔念《もうねん》自ら消ゆ。如し一言一行の過つや、輒ち自ら訟めて「父母の戮《はずかし》めを為すなり」と曰えば、則ち*愧《き》汗《かん》交《こも》ごも迸《ほとばし》る。是非の心は人皆な之れ有り。時に塗人・童子を執らえて之を斥けて、「汝は不孝不弟なり」と曰えば、亦た皆な*艴然《ふつぜん》として悦ばざること、*汚穢を蒙るが如からん。始めて知る、「*西銘」は即ち中庸の理にして、*曾子の手足を啓き全くして帰すを得るの義と、舜・武・周公の庸行とは、中庸の極致為《た》るを。只だ今人、孝弟を識らざるが為《ため》に、往往にして之を儀文の末に求めて、一念の天に非ず、一事の理に非ず、一物の所を失うは、皆な孝に非ざるを知らざるなり。而して良知の功用は、是《ここ》に於いてか浅し。孟子曰く、「*大人は、其の赤子の心を失わざるものなり」と。赤子は何の心ぞや。親を愛し長を敬うの心なり。「*天下、何をか思い何をか慮らん。天下、帰を同じうして塗《みち》を殊《こと》にし、一致して百慮す」。某、明教を服膺《ふくよう》し、蓋し、親に事え長に従うの間に於いて、所謂る良知の学を求めんと欲す。何如。（巻八「啓陽明先生」）

語釈 ○孩提の童は…知らざる無し＝『孟子』尽心上篇の語。 ○孝弟なるものは其れ仁を為すの本か＝『論語』学而篇の語。 ○堯舜の道は孝弟のみ＝『孟子』告子下篇の語。 ○皆な拡して之を充たすを知る。…以て父母に事うるに足らず＝『孟子』公孫丑上篇の語。 ○諸れを心に反求す＝『孟子』離婁上篇に「行いて得ざる者は皆な諸れを己に反求す」とある。 ○虚霊＝明徳の霊妙をいう。虚は空で、寂然として動かないこと。霊は神で、感じて遂に通ずること。
○燦然＝明らかなさま。光り輝くさま。 ○超忽＝遥かに遠いさま。飛び離れているさま。
○茫蕩＝はてしがない。広々として際限がないさま。ぼんやりしているさま。 ○愧汗＝恥じてかく汗。 ○艴然＝怒った顔色のさま。むっとする。 ○汚穢＝汚れているもの。糞尿。 ○西銘＝張横渠の著作。『正蒙』乾称上篇に原名「訂頑」として収められており、程伊川が「西銘」と名を改めた。『近思録』為学大要篇にも収録されている。全体を貫く主張は、父母に仕える心で天に仕え、天を父母とする心で万物を見ることにある。　〇曾子の手足を啓き全くして帰すを得る＝『論語』泰伯篇に「曾子、疾有り。門弟子を召して曰く、予が足を啓け、予が手を啓け。…」、また『礼記』祭義篇に「曾子、諸れを夫子に聞けり。曰く、天の生ずる所、地の養う所、人より大為るは無し。父母全くして之を生む。子全くして之に帰す。孝と謂うべし。……」とある。

〇大人は其の赤子の心を失わず＝『孟子』離婁下篇の語。　〇天下何をか思い何をか慮らん…＝『易経』繋辞下伝にみえる語。

原文

『困弁録』自序

嘉靖丁未仲冬廿一日、予被逮至京師。又明日下詔獄。日無所事事、惟面壁觀心、並考平生所學、於此時此地、有所資焉否也。故凡詩書所載、舊嘗得諸管窺者每誦味、所及輒録而繹之。然後知學必驗而後有得、如艱難險阻、非身所經歷而談之、了了皆寤語也。

夫學以素位為得也、位之所値不同、而素其所得於天而習之於己者、則無有乎或變。是故縱火下石之難方解、而牀琴自如。絕糧之厄、病且慍者多矣、而絃歌不輟、素定故也。易不云乎、素履之往、獨行願也。惟獨行其願、而不願乎外、則願之自我者、求無不得。其在外者、本無得喪、又何怨尤之有哉。非有所假以勝之、而强排遣之謂也。是故精一執中、堯舜禹相與授受之素、仲尼祖述以教萬世、子思子述其所得於祖者、發而為素位之訓、厥旨微矣。

予以病廢林藪、凡二十年未嘗一日廢書、徒以性昏健忘、故不求甚記、惟取領略其大意而止。是録也、雜引經傳、篇章離析、語意混淆、淹恤歲時、聊以紀憂患自考之意、以俟他日取正於有道、緣是以為受教之地也。予不以老耄自棄、而世之君子、顧以老耄棄予哉。嘉靖戊申仲冬望白水老農聶豹書。（巻三「困辯録自序」）

『困弁録』弁中（1）

堯曰、咨、爾舜。天之暦數在爾躬。允執其中。四海困窮、天祿永終。舜亦以命禹、曰、人心惟危、道心惟微、惟精惟一、允執厥中。

此堯舜禹授命之詞。萬世心學之源、其肇於此乎。人心道心、皆自其所發者言之。如惻隱之心、羞惡之心、辭讓、是非之心是也。感應流行、一本乎道心之發、而不雜之以人為、曰精。眞常不雜、曰一。中是道心的本體。有未發之中、便有發而中節之和、和即道心也。天理流行、自然中節、動以天也、故曰微。人心云者、只纖毫不從天理自然發出、便是動以人、動以人便是妄、故曰危。今人乍見孺子入井一段、二心可概見。自夫中之為義不明、允執之旨流而為義襲之學。子思子憂人心之日危也、於是作中庸以明其祖述之原。學者須從此處體識得明瑩、則二氏五覇百家之學、自有斷例。中是眞正主脳、允執是工夫歸結處。（巻十四「困辯録」辯中）

『困弁録』弁中（2）

天命之謂性、率性之謂道、修道之謂教。道也者、不可須臾離也、可離非道也。是故君子戒愼乎其所不睹、恐懼乎其所不聞。莫見乎隱、莫顯乎微。故君子愼其獨也。喜怒哀樂之未發、謂之中。發而皆中節、謂之和。

中也者、天下之大本也。和也者、天下之達道也。致中和、天地位焉、萬物育焉。(『中庸』第一章)

中庸首章、是精一執中的傳註、不必更著一字為訓、血脉貫通、語意精備。夫上帝降衷於下民、民受天地之中以生。中即命、命即性也。率其性之自然、發無不中。性即道也。堯舜性之也。氣拘物蔽、道有所失。修而復之、而後教立焉。道即教也。湯武反之也。戒謹恐懼、堯舜湯武之兢業祇畏是也。不睹不聞、便是未發之中。常存此體、便是戒懼。去耳目支離之用、全虛円不測之神、睹聞何有哉。不聞曰隱、不睹曰微、隱微曰独。莫見莫顕、誠之不可掩也。慎独云者、言戒謹恐懼、非他人所能与。退蔵於密、鬼神莫窺其際、是独也。

喜怒哀樂之未發、謂之中。發而皆中節、謂之和。寂然不動、萬物皆備、天之性也。故曰、中者、天下之大本。命由此立、道由此出、萬化之原也。感而遂通、自然中節、猶太和元氣之流行。故曰、和者、天下之達道。本之人情、不涉思議、而夫婦之愚不肖、可以与知能行、性之欲也。

天地位、萬物育、堯舜垂衣裳而天下治。自一身験之、以至於天下國家無不然。三聖相授守、一道也。故曰、子思子憂道學之失其傳而作。(卷十四「困辯録」辯中)

○『困弁録』弁中(3)

亀山先生唱道東南、從之遊者甚衆。語其精思力践、任重詣極、惟羅仲素一人。先生講論之暇、危坐終日、以體夫喜怒哀樂未發之前作何氣象、而求所謂中者。若是者久之、而益知夫天下之本眞有在於是。由是操存益固、涵養益熟、触處洞然、自然中節。(卷十四「困辯録」辯中)

○『困弁録』弁中(4)

李先生門下教人、大抵令於静中以體夫喜怒哀樂未發之中、未發作何氣象、則處事應物、自然中節。此是亀山門下相傳指訣。當時親炙之時、貪聽講論、又方竊好章句訓詁之習、以至若存若亡、不得盡心於此。畢竟無一的實見處、辜負教育之恩。每一念及、未嘗不流汗沾衣也。(卷十四「困辯録」辯中)

○『困弁録』弁中(5)

未發之中、本體自然。敬以持之、使此氣象常存而不失、則自此而發者、自然中節。此是日用本領工夫。其曰却於已發處觀之者、所以察其端倪之動、以致夫拡充之功。一有不中、則心之為道、或幾乎息矣。故程子每以敬而無失為言、敬而無失便是中。又曰、不如且只道敬、能敬則自知此矣。夫以事言之、雖有動静之殊、以心言之、則周流貫徹、初無間斷、而常主夫静焉。向来講究思索、直以心為已發、而所論致知格物、亦止以察識端倪為初下手處。以故闕却平日涵養一段工夫、常覺胸中擾擾、無深潛純一之味。而其發之言語事為之間、亦多急躁浮露、無聖賢渾厚雍容氣象。所見之差、其病一至於此、不可以不審也。（巻十四「困辯録」辯中）

○『困弁録』弁中（6）

以上三段、是朱子語録中悟後定論矣。看来精一執中之學、周程授受、渾只是此家法。不三四傳、而此意寖微、天地之心或幾乎息、而生民之命日以蹙矣。尚何以望太平之端哉。

亀山一派、毎言静中體認、又言平日涵養、只此四字、便見吾儒眞下手處。考亭之悔、以誤認此心作已發、此尤明白直指。而近世忽略、不復究三先生語意、至誣考亭為俗學、可謂不知量也。（巻十四「困辯録」辯中）

○王龍渓への書簡（1）

宋望之到、奉書教。甚感慰。承不鄙、謬有取於寂體之說、謂是為師門第一義。竊謂、虚寂乃大易提出感應之體以示人、使學者知所從事。蓋堯舜相傳以來、只有此義。即此義而精之、則天下之用備於我矣。尚何以思慮為哉。感應而以思慮為、則入於憧憧之私。易曰、憧憧往來、未光大也。其與以知識為良知、漫然應感者、症候不同、均之為迷失本原、不足以語歸復之竅。誠有如來諭云云也。然則欲求歸復之竅、舍歸寂、其何以哉。

來諭又謂、良知本寂。誠然、誠然。此非先師之言乎。師云、良知是未發之中、寂然大公的本體。但不知是指其賦畀之初者言之耶。亦以其見在者言之也。如以其見在者言之、則氣拘物蔽之後、吾非故吾也。譬之昏蝕之鏡、虚明之體未嘗不在。然磨盪之功未加、而遽以昏蝕之照為精明之體之所發。世固有認賊作子者、此類是也。又云、若不悟良知本寂、而於知覺之外別求寂然之體、未免有反鑑索照之病。其差毫釐、其失乃至千里、不可以不辨也。僕於此等處、亦嘗妄意於毫釐之辨矣。何也。虚明者鑑之體也。照則虚明之發也。知覺猶之照也。即知覺而求寂體、其與即照而求虚明者、何以異。謂是為反鑑而索照、非耶。盍不觀孩提之愛敬、平旦之好惡乎。明覺自然、一念不起、誠寂矣、然謂之為寂體則未也。今不求寂於孩提夜氣之先、而謂即愛敬好惡而寂之、則寂矣。然乎、不然乎。蓋孩提之愛敬、純一未發為之也。平旦之好惡、夜氣之虚明為之也。故夜氣不足以存、則其違禽獸不遠。大人參天贊化、一惟不失其赤子之心而已。是學問之要、稽其所養、固有所在。而以知覺為良知者、不幾於逐聲與塊乎。何如何如。（巻八「寄王龍渓」第二書）

○王龍渓への書簡（2）

其謂達夫之學、近來精神命脉已在一處照察。可謂相知之深、相信之至。中間不無少滯、乃其脱化未盡、久久自當融釋也。夫達夫豈隨人看場者耶。達夫早年之學、病在於求脱化融釋之太速也。夫脱化融釋、原非工夫字眼、乃工夫熟後景界也。而速於求之、故遂為慈湖之説所入、以見在為具足、以知覺為良知、以不起意為工夫、樂超頓而鄙堅苦、崇虚見而略實功。自謂撤手懸崖、徧地黄金、而於六經四書未嘗有一字當意。玩弄精魂、謂為自得、如是者十年矣。至於盤錯顛沛、遇非其境、則茫然無據。譬之搏沙捕螭。迷失當處、追尋無跡、不能不慟朱公之哭也。已而恍然自悟、考之易、考之學庸、考之身心、乃知學有本原、心主乎內、寂以通感也、止以發慮也、無所不在。而所以存之養之者、止其所而不動也。動其影也、照也、發也。發有動靜而寂無動靜也。於是一以洗心退藏為主、虚寂未發為要、刊落究竟、日見天精、不屬睹聞。此其近時歸根復命、煞喫辛苦處。亦庶幾乎。知微知風之學、乃其自性自度、非不肖有所裨益也。（巻八「寄王龍渓」第二書）

○『致知議略』(1)

來書云、良知者、本心自明、不由學慮而得、先天之學也。知識則不能自信其心、未免假於多學億中之助、而已入於後天矣。良知即是未發之中、即是發而中節之和。未應非先、已應非後。即寂而感行焉、寂非内也。即感而寂存焉、感非外也。此是千聖斬關第一義、所謂無前後内外而渾然一體者也。若謂良知之前別求未發、即是二乘沉空之學。良知之外別有已發、即是世儒依識之學。或攝感以歸寂、或縁寂以起感。受病雖不同、其為未得良知之旨、則一而已。爰述一得之見、疏為數條、用以就正於三公、並質諸敬所君、且以答生來學之意。

先天之學、即養於未發之豫。豫則命由我立、道由我出。萬物皆備於我。故曰、先天而天弗違。感於物而動、其中動而七情出焉。乘天時行、人力不得而與。與則助、助則去天遠矣。故曰、後天而奉天時。邵子曰、先天之學、心也。後天之學、跡也。先天言其體。後天言其用。蓋以體用分先後。而初非以美惡分也。

良知是未發之中、先生嘗有是言。先生曰、人只要成就自家一個心體、則用在其中、自然有發而中節之和。自然無施不可。若曰良知亦即是發而中節之和、詞涉迫促。（巻十一「答王龍渓」第一書）

○『致知議略』(2)

未應不是先、已應不是後、程子蓋為心體言也。然於學問之功、則未之及。其下曰、譬如百尺之木、自根本至枝葉、一貫也。使種樹者堅守乎百尺一貫之説、而於培灌之功、昧其所施、安望其能百尺耶。寂性之體、天地之根也。而曰非内。果在外乎。感情之用、形器之跡也。而曰非外。果在内乎。抑豈内外之間、別有一片地界可安頓之乎。

竊嘗譬之。心猶兵器之銃鉋也。響聲之激射、發也、引線之火、感也。硝磺之内蘊、未發之寂也。今徒知激射之利足以威敵、而忘其有事於硝磺之具、則銃為啞器。可復有相繼之聲乎。

其曰、即寂而感在焉、即感而寂行焉、以此論見成、似也。若為學者立法、恐當更下一轉語。易言内外、中庸亦言内外。今曰無内外。易言先後、大學亦言先後。今曰無先後。是皆以統體言工夫。如以百尺一貫論種樹、而不原枝葉之碩茂、由於根本之盛大、根本之盛大、由於培灌之積累。此鄙人内外先後之説也。（卷十一「答王龍渓」第一書）

○『致知議略』（3）

定性書嘗有無内外之言。蓋因張子疑外物為定性之累、而欲絶去外物以求定、故云然也。而要其歸於定之一字。先生曰、定是未發之中、即有發而中節之和。體用一原、是之謂渾然一體者也。今曰、良知之前無未發、良知之外無已發、似是混沌未判之前語。設曰良知之前無性、良知之外無情、即謂良知之前與外無心。語雖玄而意則舛矣。孰為沉空、孰為依識、似是無難辯者。

尊兄高明過人。自來論學、只從混沌初生、無所汚壞者而言、而以見在為具足、不犯做手為妙悟。以此自娯可也、恐非中人以下之所能及也。（卷十一「答王龍渓」第一書）

○欧陽南野への書簡（1）

久不奉聞起居、念之憮然。風塵埋没、遐想山林閑適、浴沂風詠之樂。不知穹壤間復有何物可代此耳。

立本之學、邇來何似。傳習録中自有的確公案可査。不可以其論統體、景象效驗、感應變化處俱作工夫看。未有不着在支節而脱却本原者。夫以知覺為良知、是以已發作未發。以推行為致知、是以助長為養苗。王霸集襲之分、舍此無復有毫釐之辯也。夫動、已發者也。發斯妄矣。發而未發、動而無動也、其斯以為定乎。考亭晩年有云。【向來講究思索、直以心為已發、而止以察識端倪為格物致知實下手處。以故闕却平日涵養一段工夫。至於發言處事、輕揚飛躁、無復聖賢雍容深厚氣象。所見之差、其病亦至於此、不可以不審也。又云、程子云、未發之中、本體自然、敬以持之、使此氣象常存而不失、則自此而發者、自然中節。此是日用本領工夫。其曰、却於已發處觀之者、蓋所以察識其端倪、以致夫擴充之功。一有不中、則心之為道、或幾乎息矣。又曰、李先生門下教人、每令於静中、以體夫喜怒哀樂未發之中、未發作何氣象、存此則發無不中矣。時方貪聽講論、又方竊好章句訓詁之習、以故若存若亡、畢竟無一的實見處。蹉跎辜負此翁。念之流汗浹背。此是程門相傳訣竅、以上遡夫精一執中之旨。雖聖人復起、不易也。】陽明先生亦云、聖人到位天地育萬物、亦只從喜怒哀樂未發之中養出來。養之一字、是多少體驗、多少涵蓄、多少積累、多少寧耐。譬之山下有雷、收聲於地勢重陰之下、龍蛇之蟄、存身於深昧不測之所、然後地奮天飛、其化神、其聲遠也。復生於坤、震出乎艮、巽辨於井。其旨微矣。蓋嘗反覆請正、而諸公未盡以為然。近得明水一書、駁辨尤嚴。其謂心無定體一語、其於心體、疑失之遠矣。炯然在中、寂然不動、而萬化攸基、此定體也。恨相去遠、識趣日卑陋。愧心汗顏。如失柁之舟、飄泊於顛風巨浪之中、與世浮沉、茫然莫知所止。如之何、如之何。

虜寇以内備頗嚴、今秋可幸無事、而其所可憂者、固自在也。臨楮悵悵。不盡。（巻八「答歐陽南野太史」第二書）

○欧陽南野への書簡（２）

除前承翰教、痛切懇至。若不忍其謬迷而思有以援之。感佩何如。易曰、君子以朋友講習。辯之弗明、弗措也。若曰增勝心而長己見、其與自暴棄者何異。竊謂良知本寂、感於物而後有知。知其發也。不可遂以知發為良知、而忘其發之所自也。心主乎内、應於外而後有外。外其影也。不可以其外應者為心、而遂求心於外也。故學問之道、自其主乎内之寂然者求之、使之寂而常定也、則感無不通、外無不該、動無不制、而天下之能事畢矣。譬之鑑懸於此、而物來自照、鍾之在簴、而扣無不應。此謂無内外動静先後而一之者也。（「答歐陽南野太史」第三書）

○欧陽南野への書簡（３）

來云、本體是工夫樣子、效驗是工夫證應。良知本戒慎不睹、恐懼不聞、無自欺而恒自慊。工夫亦須戒謹恐懼、無自欺而恒自慊。果能戒謹恐懼、無自欺而恒自慊、即是效驗。此可見深造之學也。反覆中庸之意、微有不同。中庸之意、似以未發之中為本體。未發之中、即不睹不聞之獨、天下之大本也。戒慎恐懼、其功也。中節而和生焉。天地位、萬物育、其效驗也。雖不免有所分別、而與先師前所云數條、似亦相符。可合而觀之也。（巻八「答欧陽南野太史」第三書）

○欧陽南野への書簡（４）

又云、良知感應變化、如視聽言動、喜怒哀樂之類。無良知則感應變化何所從出。然非感應變化、則亦無以見其所謂良知者。故致知者、致其感應變化之知也。仰體尊意、似云原泉者江淮河漢之所從出也。然非江淮河漢、則亦無以見其所謂原泉者。故浚原者、浚其江淮河漢所從出之原、非江淮河漢為原而浚之也。根本者、枝葉花實之所從出也。培根者、培其枝葉花實所從之根、非以枝葉花實為根而培之也。今不致感應變化所從出之知、而即感應變化之知而致之。是求日月於容光必照之處、而遺其懸象著明之大也。何如。（巻八「答欧陽南野太史」第三書）

○鄒東廓への書簡（1）

九月望後、接仲夏念日所惠教、並拜諸新作、浣慰無極。巨舟之喩、饑溺由己之論、痛快明切。然學未至於誠立。故言不足以動人、仰負知己多矣。

前書坤復之説、遣詞未瑩、致有寂感二時之疑。夫無時不寂、無時不感者、心之體也。感惟其時、而主之以寂者、學問之功也。故謂寂感有二時者、非也。謂工夫無分於寂感、而不知歸寂以主夫感者、又豈得為是哉。蓋天下之感皆生於寂。不寂則無以為感。非坤則無以為震。坤者、震之母也。乾一索於坤、而得震。故謂之長男。聖人立象以盡意、合坤與震而成卦、名之曰復。其旨微矣。蓋虚以胎之、静以養之、寂以成之、而後帝出乎震。彖曰、復亨、剛反、則是以剛反為復、而非有取於陽動之義也。蓋言天德之剛、剥幾盡矣、至是而復全於我。而天地之心亦於是而可見。老子深於易者。故其言曰、致虚極、守静篤、萬物並作。予以觀其復。夫萬物之作、不作於作而作於虚與静焉。則復之為復、將求之於震乎。求之於坤乎。抑將合坤與震而求其養之之端乎。先王以至日閉關、不省不行、非有取於坤之善養耶。不養、則不可動也。故以大過次於頤。是夫子於易、屢屢言之。蓋根極領要、而疑其漏洩之太盡也。（巻八「答東廓鄒司成」第一書）

○鄒東廓への書簡（2）

比嘗以此語諸同志。或然或否。而其所以疑之者、有三説焉。其一謂、道不可須臾離也、今曰動處無功、是離之也。其一謂、道無分於動静也、今曰工夫只是主静、是二之也。其一謂、心事合一、仁體事而無不在、今曰感應流行着不得力、是脱略事為、類於禪悟也。夫禪之異於儒者、以感應為塵煩、一切斷除而寂滅之。誠有於是詆之為禪非過也。今乃歸寂以通天下之感、致虚以立天下之有、主静以該天下之動。又何嫌於禪哉。動亦定。静亦定。動静者時也。而定無時也。井居其所、龍潜於淵、而往來之井井、飛躍之乾乾。一惟其時。又何動静之分、須臾之離耶。自有人生以來、此心常發。如目之視也、耳之聴也、鼻嗅口味、心之思慮營欲也、雖禁之而使不發、不可得也。乃謂發處亦自有功、將助而使之發乎。抑懼其發之過、禁之而使不發也。且將抑其過、引其不及、使之發而中節乎。夫節者、心之則也。不識不知、順帝之則、惟養之豫者能之。豈能使之發而中乎。使之發而中者、宋人助長之故智也。後世所謂隨事精察、而不知其密陷於憧憧卜度之私。宜其芒芒然歸病、而苗已日就槁矣。孟子曰、天下之不助苗長者、寡矣。非徒無益、而又害之。甚言其不可也。禁之而使不發者、是又逆其生生之機。與克伐怨欲不行何以異。夫子蓋嘗難之。而佛氏亦以守念為下乘、有以哉。助而使之發者、長欲恣情、小人無忌憚者之所為。日蹈於水火、焚溺其身而不顧、又其下者也。

是三者、皆不足以言學。學之道奈何。子思子憂道學之失其傳、上遡堯舜精一之微、發而為戒謹恐懼不睹不聞之旨。夫不睹不聞者、虛寂之體、天命之性也。戒懼所以養之也。養之而大本立、則自此而發者、自然中節。天地由此而位、萬物由此而育、功用至於位育、極矣。尚何感應流行變化云為之有不盡乎。知遠之近、知風之自、知微之顯、君子之所以不可及也歟。鄙見如此。委於諱然之義有未當。然非固自出一説以求勝。蓋嘗反覆易庸、似有得於管中之窺。文公晚年痛悔逐外之失、拳拳於此處指點。前書所具亦其大略耳。

幸與晴川同志共商之、倘猶有未當、無靳往復。外附絶句四首、謹用原韻。均惟覽教。不悉。（巻八「答東廓鄒司成」第一書）

○鄒東廓への書簡（3）

玄潭連床之教、自愧執迷、不足以仰承萬一。又煩諭道諄切、何愛人之無已也。來諭云、學問之道、不敢逐外、不必專內、貫內外顯微而一之。此正吾輩今日用功處、蓋嘗求其處而不得也。竊料尊意、無以致良知三字、謂足以貫內外顯微而一之者乎。夫良知二字、始於孟子。孩提之童、不學不慮、知愛知敬、眞純湛一。由仁義行、大人者不失其赤子之心、亦以其心之眞純湛一、即赤子也。然則致良知者、將於其愛與敬而致之乎。抑求所謂眞純湛一之體而致之也以為得手。但不知善惡安在何處。若以虛靈本體而言之、純粹至善、原無惡對。若於念慮事為之著而所謂善惡者、而致吾之知、縱使知之為知之、不知為不知、與義襲何異。故致知者、必充滿其虛靈本體之量、以立天下之大本、使之發無不良。是謂貫顯微內外而一之也。先師有詩云、只從根本求生死、莫向支流辨濁清。其所指根本支流、從何處分別。豈以良知為根本、而以顯微內外而支流別有所指耶。抑豈以用功之處、要以立本歸根為務、而顯微內外俱在所不論耶。若然、則知微之顯、静為動根、誠於中、形於外、內直則外無不方、此皆非耶。僕之所以謂致虛守寂、以求未發之中者、正欲貫顯微動静内外而一之。縱使感應顯見交錯於吾前、而歸根一段工夫、不容少有須臾離也。而以先後分者、實少鄙人之初意也。（巻八「答東廓鄒司成」第三書）

○陳明水への書簡（1）

某不自度、妄意此學四十餘年。一本先師之教而紬繹之、節要録備之矣。已乃參之易傳學庸、參之周程延平晦翁白沙之學、若有獲於我心、遂信而不疑。而曰加精密焉、無乃譽之太過乎。

昨諸公枉教、誠以不合而罷。非諸公不能諒僕。僕之不能諒諸公也。如來論謂、慎獨即所以致中、致中即所以為和云云、又何説得。蓋非致中之外、別有致和工夫、慎獨之外、別有致中工夫也。其有謂慎獨而後中和出焉者、猶今道家者流、於天地之上、又推出一個元始天尊、不免駕床而疊屋。三聖授守、只説執中、而未嘗及獨也。蓋獨即是未發之中、不聞之隱、不睹之微、天下之大本也。人生只有此件。學問只有此處。自我有之、自我尊之、他人些子與不得、故謂之獨。而謂獨為獨知、已是交於物引而出之於外、不免雜於堂下衆人之中。豈能為萬象之主乎。此僕所不合於諸公者一也。（巻十一「答陳明水」）

○陳明水への書簡（2）

來論、良知者未發之中、天下之大本也。致之便是天下之達道、此數語的當甚。格物以致其知、喜怒哀樂之物格而良知致、蓋嘗聞是説於諸公。求諸心而不得者數年。縱使矜持到十分恰好處、已是賺入義襲科臼、與克伐怨欲不行者、一様作法、又與上文致之便是天下之達道、語意微不同。物是感應之跡、寂是感應之體、寂然不動、感而遂通天下之故。此區區致知格物之説、與諸公之説不合者二也。

來論謂、鄙人看致字與先師看得不同、敢自誑以為同乎。却看得與致中致曲致廣大之致字同。充養乎虛靈之寂體、而不以一毫意欲自蔽、是謂精義入神、而用在其中也。感應是良知的應跡。而曰致良知在感應上致之。物之感人無窮、而人之好惡無節。電光波影、與物輪迴、若翻車然、可復有端拱清穆時耶。先師不云乎。世儒捨心逐物。將格物之學錯看了、馳求於外、終日只做得個義襲而取。又自與今之所論不同。蓋大學全功、要在止於致善一語。知止則能定能静能安能慮。慮即格物也。知止則知致矣。定静安、誠正身修也。先儒以此節為釋致知格物之義、當不甚謬。曩聞、諸公以格物為知止、以定静安慮為格物的工夫。不知定静安慮四字於格物上何以安頓。即使曾子面授、不敢奉命。終年談格物、砣砣不離口、曾無一語及知止定静。此僕之不合於諸公者三也。（巻十一「答陳明水」）

○陳明水への書簡（3）

來論謂、僕將格物字看得甚輕、故精義入神、別作致知工夫、誠是也。物字本輕。精義入神本是致知工夫。易曰、精義入神、以致用也。致用字方屬格物。本文言、屈信相感而利生焉、而下引蠖屈龍蟄以明之。其義自見。記得尊兄曩時有腐蟲從穀道出之戲。不惟戲之太虐、亦恐看得易義大麁淺。夫斂而入者謂之屈、達而出者謂之信、利用安身謂之利。屈信相感而利生焉、是謂天地生生之機、萬物感應之本。物與身心意知為一、嘗聞其說而疑之。心是生身之始、猶始祖也。靈明合氣以成形。有心而後有身、而後有知、有意、而意之所及、則物也。身譬之高曾、知譬之祖、意譬之考、物譬之家衆。所以給使令代耕作、勾當門戶、不可闕焉者、謂之一氣可也。使指子為父、指父為祖、指祖為高曾、為始祖、恐隔幾重公案、未有不落影響者。況可指家衆為祖父乎。此僕之所以不合於諸公者四也。

格物成訟、各持一說、竟能歸一。罪在僕也。不若姑置之、只將知止一段研究。自有精義。（巻十一「答陳明水」）

○『白沙先生緒言』序

予嘗與士友譚學、言必稱白沙先生、並歌詠其詩以自娛、嘆曰、此周程之墜緒也。或謂、白沙禪學也、子何慕之深耶。予曰、夫謂白沙之學為禪者、非以其主靜虛乎。陽明先生之詩曰、靜虛匪虛寂、中有未發中。中有亦何有、無之却成空。若是、即謂陽明之學為禪、亦可也。夫人生而靜、心兮本虛、天之性也。彼禪氏者索之過高、而於人生而靜以後一段、更不省究、寂滅根塵、鄙夷倫理、而不屑於禮樂刑政之施。要之不可以治天下國家。白沙曾有一於此耶。其詩曰、多病一生長傍母、孤臣萬死敢忘君。又曰、閲窮載籍終無補、坐老蒲團總是枯。又曰、六經盡在虛無裡、萬理都歸感應中。又曰、虛無裡面昭昭應、影響前頭步步迷。又曰、一笑功名卑管晏、六經仁義沛江河。此其毫釐千里之差、居然可見。

今之學者、不訊其端、而日有事於宋人之助長。急於逃禪而安於義襲、矜持於念慮、揣摩於事變、依傍道理、倚靠書冊、謂是為格致之實學。而凡用心於內、根究性體以先立乎大者、率譁然目之為禪。象山之被誣久矣。豈惟白沙之學為然哉。予於是纂其緒言、借為之註、使後之辯儒釋者、得有所考、而靜虛之學、不因噎而廢食也。（巻三「白沙先生緒言序」）

○『大學古本臆説』序

豹病廢山間、鑽研是書、歷有歲時。而於諸家之說、求諸心有未得。雖父師之言不敢苟從。竊以孔門之學、一以貫之。孔之一即堯舜相傳之中。中者、心之本體、非大學之至善乎。致知者、止至善之全功。格物者、止至善之妙用。意也者、感於物而生於知者也。誠言其順、格言其化、致言其寂也。寂以妙感、感以速化、萬而一者矣。乃若必謂格致為求之於事物之間、則曾子之隨事精察、子貢之多學而識是也、夫子呼而告之、不已贅乎。於是著為臆説。蓋將以質諸四方之君子、緣此為受教之地也。僭妄之罪、夫復何辭。（卷三「大學古本臆説序」）

○王陽明への書簡（1）

西粤之亂、先聲所至、莫不震疊。凱還當在日下。聖天子側席以待、而天下太平之望、跂足久矣。某承乏一方、百無能為。以春正入閩境、諸務叢委、茫無下手處。始知平生之學、斯未能信、患所以立。聖人之言、近如地、遠如天。體即用、未有用非其體者。而仕優則學、學優則仕之説、竊疑其析之過矣。天下豈有仕外之學哉。仕即學也、學即仕也。自十五志學以至於從心、自乘田委吏以至於司寇。是亦為政無非仕也。有民人焉、有社稷焉、無非學也。是故喜怒哀樂之發、以至於視聽言動之著、感之而為側隱羞惡辭讓是非之情、應之而為君臣父子夫婦長幼朋友之道、變之而為富貴貧賤夷狄患難死生之來、曾有一時一處而非吾良知之所當致者哉。某四十無聞、蹉跎孤負。教言在耳、寤寐騰愧。所不至於詭經畔道之甚者、幸而知有痛癢之心、未盡死也。近來非僻諸念、稍稍裁抑、惟暴怒之氣時復妄發。當其怒時、自以為義。然已不覺其為怒所遷、而有所忿懥。何啻千里。始信集義之功、不忘則助。甚難為力。何如何如。瞻望伊邇、未緣鬣馳以需神化。謹此專人奉候門下、解官有志摳衣何期。歲月如流、儲此耿耿。伏惟為道珍嗇、厚自愛以慰天下。不備。外疑事數條、附録以請。（卷八「啓陽明先生」）

○王陽明への書簡（2）

孟子曰、孩提之童、無不知愛其親。及其長也、無不知敬其兄。不待學習、本於天性、此眞知也、則是良知之用、莫有切於孝弟焉者。孝弟也者、其為仁之本歟。堯舜之道、孝弟而已。知皆擴而充之、不足以事父母。而仁義禮樂之實、要之以事親從長之間。是孟子有得於良知、深矣。某嘗反求諸心、虛靈之用、固自燦然、出有入無、超忽茫蕩、若無轃泊。近來求之於事親從長之間、便覺有所持循。如一念之欲方萌、輒自訟曰、是非孝也、則罔念自消。如一言一行之過也、輒自訟曰、為父母戮也、則愧汗交迸。是非之心、人皆有之。時執塗人童子而斥之曰、汝不孝不弟也、亦皆艴然不悦、如蒙汚穢焉。始知西銘即中庸之理、而曾子啓手足得全歸之義。舜武周公之庸行、為中庸之極致。只為今人不識孝弟、往往求之於儀文之末、而不知一念非天、一事非理、一物失所皆非孝也。而良知之功用、於是乎淺矣。孟子曰、大人者、不失其赤子之心。赤子何心也。愛親敬長之心也。天下何思何慮。天下同歸而殊塗、一致而百慮。某服膺明教、蓋欲於事親從長之間而求所謂良知之學焉。何如。（巻八「啓陽明先生」）

主要参考文献

《書籍》

・岡田武彦『坐禅と静坐』（東出版、一九六八年）
・『陽明門下（上）』（陽明学大系第五巻、明徳出版社、一九七三年）
※解説「聶双江」及び「聶双江先生文集抄」訳注は佐藤仁氏が担当。
・三浦國雄『朱子』（人類の知的遺産（一九）、講談社、一九七九年）
・荒木見悟『陽明学の開展と仏教』（研文出版、一九八四年）
・佐藤仁『朱子―老い易く学成り難し』（中国の人と思想（八）、集英社、一九八五年）
・容肇祖『中国歴代思想史（五）―明代巻』（文津出版社、一九九三年）
・呉震『聶豹・羅洪先評伝』（中国思想家評伝叢書、南京大学出版社、二〇〇一年）

《論文》

・荒木見悟「聶双江の思想―陽明学の後退―」（『日本中国学会報』二三集、一九七一年）
※後に「聶双江における陽明学の後退」として『陽明学の開展と仏教』（同右）に収録。

・荒木龍太郎「羅念菴と聶双江について」（『都城工業高等専門学校研究報告』一三号、一九八三年）
・福田殖「陽明学派における聶双江・羅念庵の位置」（『日本中国学会報』四七集、一九九五年）
・福田殖「王龍渓と聶双江―『致知議略』における良知論争―」（『陽明学』八号、二松学舎大学、一九九六年）
※右二論文は後に『宋元明の朱子学と陽明学』（福田殖著作選Ⅰ、研文出版、二〇一六年）に収録。
・方祖猷「王畿と聶豹の本体・良知の論争に関して」（疋田啓佑訳、『陽明学』十号、二松学舎大学、一九九八年）
・小路口聡「王畿「致知議略」精読」（『東洋大学中国哲学文学科紀要』十七号、二〇〇九年）

刊行のことば

孔子・孟子が人間の在り方を説いた儒学は、宋代に一度朱子が人間学として再生させたものの、明末には再び文字章句の学問に堕落してしまった。これを王陽明は、我我の心には天より授った良知があると叫んで、人間の生き方とは何かを説き、自ら実践してみせたものが陽明学である。

今日は、政治も学問も芸術も、みな小さな小手先のものに終って、肝腎な人間のための政治であり学問であるという本質を失いつつある。この世紀末的な風潮を匡す思想として、いま政財界を中心に内外の心ある人々は陽明学に注目してきた。しかし原文はあまりにも難しく、読むことさえも容易ではない。

ここに小社では陽明学に生きた日中の先人三十四名を拾い出して、その精髄を平易な現代語に変えて人々に開放することにした。多忙な現代人にも本書の現代語訳と余説だけは読んで頂きたい。四千年来、人間の在り方を問いつめてきた儒学思想の一端なりともここからお汲みとり頂き、日常生活の一隅にでもそれを実践して頂けたら望外の幸せである。

シリーズ陽明学・7

聶双江《じょうそうこう》

著　者・伊香賀《いこうが》 隆《たかし》
昭和四十七年佐賀県生まれ
早稲田大学理工学部機械工学科卒業
東洋大学大学院文学研究科中国哲学専攻博士後期課程修了。博士（文学）。
現　在　佐賀大学地域学歴史文化研究センター特命研究員、佐賀県立図書館郷土資料課会計年度任用職員。主な研究テーマは、陸王心学・朱子易学・佐賀儒学。

令和六年二月二十二日　印刷
令和六年二月二十八日　初版

印刷・製本　㈱　明　徳
発　行　者　佐久間保行
発行所　株式会社　明徳出版社
東京都杉並区南荻窪一-二五-三
電話〇三-三三三三-六二四七
振替〇〇一九〇-七-五八六三四

ISBN978-4-89619-907-9